Viol et conflit armé

La lutte
contre l'instrumentalisation du viol
en période de conflit armé

Collection Controverses
dirigée par Robert Cario

Les ***Controverses*** rassemblent de courts essais sur des questions majeures de la connaissance scientifique dans le champ criminologique. En pointant leurs contradictions, (re)découvertes et zones d'ombre, les réflexions participent à une meilleure compréhension de la complexité des conduites humaines. Quatre séries complètent la Collection : ***Traité de sciences criminelles ; Criminologie, Sciences criminelles et Champ pénitentiaire.***

Ouvrages parus

R. Cario, P. Mbanzoulou (Dir.), La justice restaurative, 2010
R. Cario (Dir.), L'enfant exposé aux violences familiales, 2012
R. Cario, M. Herzog-Evans, L.M. Villerbu, La criminologie à l'Université, 2012
R. Cario (Dir.), Les rencontres détenus-victimes, 2012
I. Dréan-Rivette, Moderniser la probation française, 2013
E. Durand, Violences conjugales et parentalité, 2013
C.-E. Laguerre, Evénements traumatiques à la Martinique, 2014
F. Rognon, B. Deymié (Dir.), Punir, restaurer, guérir, 2014
A. Lemaître, Eléments de prévention du crime, 2014
F. Jollivet, De la punition à la réconciliation, 2018
I. Dréan-Rivette, Des sentences et des peines, 2018
G. Arandel, Pour une criminologie interculturelle, 2019
R. Cario, La justice restaurative en France, 2020
J.L. De La Cuesta, I. German, La justice restaurative en Espagne, 2021
R. Cario, Grandeurs et vicissitudes de la Justice restaurative en France, 2021
C. Desseigne, L'intégration de la justice restaurative dans le droit pénal français, 2022
F. Gaucher, Groupes criminels et crime organisé, 2022
O. Chevrier, Adolescents et délinquants, 2023
A. Chauvenet, Journal de terrain pénitentiaire, 2023
J. Gagneur, La justice restaurative au bénéfice des mineurs, 2023
M. D'Hébrail, Le silence de l'inceste, 2024

Jessie Nsoki Miansi

Viol et conflit armé

La lutte contre l'instrumentalisation du viol en période de conflit armé

L'Harmattan

5-7, rue de l'École-Polytechnique, 75005 Paris

http://www.editions-harmattan.fr

ISBN : 978-2-336-48073-2
EAN : 9782336480732

Remerciements

À Jackie Mukendi, Kasha Mpiana, Eurydice Makiese et à Maître Lokamba Omba pour avoir toujours été présents pour m'écouter et me conseiller. Vous m'avez inculqué l'amour de l'autre, les valeurs de travail, de persévérance et d'intégrité, qui ont guidé mon parcours académique.

À Jean-Claude Nsoki-miansi, mon père, pour avoir travaillé sur cet ouvrage jusqu'à son dernier souffle. Je remercie le père formidable que tu as été pour moi.

PRINCIPALES ABRÉVIATIONS

A.G.N.U.	Assemblée Générale des Nations Unies
Ass. Plén	Assemblée plénière
C.A.D.H.P.	Charte africaine des droits de l'homme et des peuples
C.A.I.	Conflit armé international
C.A.N.I.	Conflit armé non-international
C.Cass	Cour de cassation
C. pén.	Code pénal
C.E.D.H.	Cour Européenne des Droits de l'Homme
C.E.S.D.H.	Convention de sauvegarde des Droits de l'Homme et des Libertés fondamentales
C.N.D.A.	Cour nationale du droit d'asile
C.I.J.	Cour internationale de justice
C.I.C.R.	Comité International de la Croix Rouge et du Croissant Rouge
C.P.I.	Cour pénale internationale
C.S.N.U.	Conseil de sécurité des Nations Unies
D.I.H.	Droit international humanitaire
D.I.D.H.	Droit international des droits de l'Homme
D.D.H.	Droits de l'Homme
D.I.P.	Droit international pénal
Eod. loc.	Eodem loco, même référence, même endroit
Ibid.	Ibidem, même référence
M.O.N.U.S.C.O.	Mission de l'Organisation des Nations unies pour la stabilisation en République démocratique du Congo
O.M.P.	Opération de maintien de la paix
O.N.G.	Organisation non-gouvernementale
O.N.U.	Organisation des Nations Unies
Op. cit	Opere citato, Ouvrage, article… déjà cité
P.I.D.C.P.	Pacte international relatif aux droits civils et politiques
R.D.C.	République Démocratique du Congo
Rés	Résolution
S.I.D.A.	Syndrome d'immunodéficience acquise
T.P.I.R.	Tribunal Pénal International pour le Rwanda
T.P.I.Y.	Tribunal Pénal International pour l'ex-Yougoslavie
T.S.S.L.	Tribunal Spécial pour le Sierra Leone
V.I.H	Virus de l'immunodéficience humaine

Introduction

Pour paralyser une population, le recours au viol est devenu plus efficace que l'homicide car ce crime ne laisse pas de cadavres.

Le 23 avril 2024, sous la présidence de Malte, le Conseil de sécurité des Nations Unies (Csnu) a organisé un débat sur le thème suivant ; « Prévenir les violences sexuelles liées aux conflits par la démilitarisation et la maîtrise des armements tenant compte des questions de genre » [1]. En effet, les femmes et les filles demeurent les principales victimes d'abus sexuels, et particulièrement du viol, lors des conflits armés que ce soit en République démocratique du Congo (Rdc), en Afghanistan, en République Centrafricaine, en Ukraine, au Soudan, en Haïti ou encore sur le territoire Palestinien et dans de nombreux autres États. En 2023, le nombre de victimes de violences sexuelles commises par des groupes armés a augmenté de 50 %, le Csnu rapporte au moins 3688 victimes de ces violences [2].

Le 6 juin 2022, Pramila Patten, la représentante spéciale de l'Organisation des Nations Unies (Onu) chargée de la question des violences sexuelles dans les conflits, s'est adressée au Csnu concernant le conflit entre la Russie et l'Ukraine. Cette dernière soutient que l'armée russe procède de manière systématique à des viols. La représentante dénonce la brutalité de ces actes attestant que le viol est utilisé comme une arme ou une méthode de guerre afin de déstabiliser l'État ukrainien. L'Onu a fourni deux rapports signalant les violences sexuelles subies par la population civile. Dans le premier rapport [3], la Commission d'enquête internationale indépendante sur l'Ukraine reconnaît

---

1. Rapport du Secrétaire général., « Les femmes et la paix et la sécurité: prévenir les violences sexuelles liées aux conflits par la démilitarisation et la maîtrise des armements tenant compte des questions de genre » S/2024/292, S/2024/311.
2. CSNU., Rés/15676 du 23 avril 2024.
3. Commission d'enquête internationale indépendante sur l'Ukraine de l'ONU., Rapport du 23 septembre 2022.

que les violences sexuelles, dont le viol, constituent des crimes de guerre. Dans ce même rapport, le président de la commission affirme avoir pu rencontrer 150 victimes et témoins de viols, et il atteste que l'armée russe utilise le viol à des fins de destruction de la population ukrainienne. En effet, la tranche d'âge des victimes s'étend de 4 à 82 ans, les témoins sont forcés d'assister à ces scènes, il semble bien que l'objectif soit l'anéantissement d'une société entière. Dans le second rapport, le bureau du Haut-commissaire aux droits de l'homme dénonce le viol ainsi que son usage inhumain. Par conséquent, ces rapports démontrent que le viol constitue une véritable stratégie militaire pour l'armée russe.

Face à ce constat, il est impossible de parler de progrès en droit international si, en temps de guerre, les viols continuent d'être perpétrés avec impunité. La lutte contre l'instrumentalisation du viol en période de conflit armé [1] demeure l'un des enjeux majeurs du droit international public au regard de son usage systématique par les divers groupes armés. La violence sexuelle englobe toutes les formes de violences physiques ou morales, qui se manifestent par des moyens sexuels ou qui ciblent la sexualité d'autrui. En période de conflit, ces actes sont une négation de l'humanité de la victime [2]. Toutefois, la définition du viol est assez complexe puisqu'elle ne peut être limitée à celle de la violence sexuelle. Le viol étant tabou, sa définition s'est précisée avec l'évolution des mœurs. Présentement, en vertu du Code pénal français, le viol est défini comme : « Tout acte de pénétration sexuelle, de quelque nature qu'il soit, ou tout acte bucco-génital commis sur la personne d'autrui ou sur la personne de l'auteur par violence, contrainte, menace ou surprise est un viol » [3]. Cette atteinte se caractérise par l'intention d'accomplir les actes visés malgré le défaut de consentement d'autrui. Cette conscience se déduit

---

1. Dans cet ouvrage, cette expression sera orthographiée au singulier afin de se référer à un contexte global plutôt qu'à des conflits multiples et distincts.
2. J. Karume, Violences sexuelles, régime juridique et limites à la répression de ces crimes en République Démocratique du Congo, Torino, L'Harmattan, 2012, p. 7.
3. C.pénal, article 222-23 al 1.

souvent de la matérialité des faits ou des moyens employés [1]. La matérialité de cette infraction résulte d'une pénétration de nature sexuelle sur la personne de la victime ou sur la personne de l'auteur, mais aussi de l'acte bucco-génital commis par l'auteur sur la victime. L'ajout de ce dernier acte est récent [2], mais ce qui ressort majoritairement des définitions fournies par les législations des autres États, est l'acte de pénétration et l'absence de consentement de la victime. La pénétration sans consentement est un acte d'intrusion corporelle, cette intrusion est également symbolique car dans de nombreuses sociétés, la virginité de la femme est un enjeu d'honneur. Assurément, le viol provoque des souffrances morales et physiques à la victime. En période de conflit, les souffrances sont souvent aggravées par l'extrême violence des groupes armés. Bien que les hommes soient également victimes de viols, les victimes de cette violence sont majoritairement des femmes et des petites filles. En effet, ces dernières sont exposées à des niveaux plus élevés de violences, dont des violences sexuelles en raison de leur sexe. Le viol est un « crime continu dont le taux de destructivité et de production de la souffrance se nourrit de la durée, contrairement au crime d'assassinat, quand c'est fini pour toujours » [3]. En temps de paix, le mobile de l'auteur de viol est inopérant, mais en période de conflit, il est essentiel afin que le viol soit considéré comme constitutif de l'un des grands crimes internationaux, dont le crime de guerre et le crime contre l'humanité. En temps de conflits, le viol est instrumentalisé pour un but précis, il a donc un aspect utilitaire : les corps des civils sont considérés comme des choses ou des instruments de guerre. Il est essentiel de distinguer le viol commis en temps de paix de celui commis en temps de guerre, toutefois cette distinction ne doit pas reposer sur une échelle de gravité. Cécile Bardet a mentionné qu' « un viol de droit commun engage une victime et un auteur de crime qui n'a d'autres objectifs que de

1. « Le viol », Fiches d'orientation, Dalloz, 1er septembre 2022.
2. Loi n° 2021-478 du 21 avril 2021 visant à protéger les mineurs des crimes et délits sexuels et de l'inceste.
3. V. Nahoum-Grappe, « Viols en temps de guerre », in Violences sur le corps de la femme: aspects juridiques, culturels et éthiques, Dalloz, 2012, p. 186.

prendre le pouvoir sur quelqu'un en le violant. Le viol de guerre, lui, engage plus qu'un auteur de crime, il engage souvent un système derrière cette personne » [1].

Dès lors, le viol résulte très souvent d'une stratégie militaire pour dominer, humilier et détruire la population, la victime est donc méconnue dans sa dignité [2]. L'instrumentalisation actuelle du viol, devenue systématique, s'explique par l'émergence des nouveaux groupes armés issus de conflits armés non-internationaux (Cani). Les Cani font intervenir des acteurs non-étatiques, c'est-à-dire des groupes armés organisés, soumis à une structure de commandement, et ces groupes doivent avoir la capacité de mener des opérations militaires durables. Pour les Cani, les hostilités doivent atteindre un niveau minimal d'intensité pour se distinguer d'autres mouvements de violence comme les participants à une émeute. Ces nouveaux groupes armés sont désintéressés des règles du droit international humanitaire (Dih), ce mépris conduit aux traitements inhumains que subissent les civils, dont les viols. Pourtant, la guerre n'est pas une zone de non-droit. En effet, le Dih est une branche du droit international public, créée pour régir le droit de la guerre en encadrant les moyens et les méthodes de combats. Le Dih protège ceux qui ne participent pas aux hostilités, c'est-à-dire la population civile. Attendu qu'en période de conflit les hommes sont enrôlés dans les groupes armés, la population civile est majoritairement composée de femmes qui sont donc les premières cibles de cette violence. Si en temps de paix, les femmes sont principalement les cibles de viols, en temps de guerre, elles le sont davantage. Conscient de cela, le Dih accorde une protection particulière aux femmes à l'article 27 de la IVème convention de Genève qui dispose : « Les femmes seront spécialement protégées contre toute atteinte à leur honneur, et notamment contre le viol, la contrainte à la prostitution et tout attentat à leur pudeur ». Cependant, le climat actuel démontre bien que l'interdiction de prendre pour cible les civils, n'est toujours pas respectée. Au contraire, les civils sont constamment les premières victimes des conflits armés. Au

1. R. Branche, F. Virgili, Viols en temps de guerre, Paris, Payot, 2011.
2. Mounier, Traité caract., 1946, p. 493.

cours d'un affrontement, le taux de mortalité des civils est généralement plus élevé que celui des forces combattantes. L'Onu a enregistré environ 12 000 victimes sur les territoires de l'Afghanistan, la Syrie et du Yémen [1]. Désormais, dans les conflits armés internationaux (Cai) et les Cani, les civils représentent près de 80 % des victimes.

Bien que la médiatisation du viol comme « arme de guerre » soit apparue assez tardivement en 1993 à propos du conflit en Bosnie-Herzégovine, les conflits actuels comme en Rdc ou en Ukraine renforcent la sensibilisation et la mobilisation autour de cette problématique. Toutefois, la littérature démontre que le viol dans la guerre a toujours existé, et cela, bien avant 1993. En effet, Tite-Live a relaté « L'enlèvement des Sabines » par les romains au milieu du VIIIème siècle avant J.-C. Le terme « viol » n'est pas explicitement employé, pourtant, les soldats romains ont utilisé le viol à des fins de dominations mais surtout de repeuplement : « nous avons eu le temps de nous attacher à ces romaines qui étaient l'objet de toute notre haine, et de former (avec elles) des liens si intimes » [2]. Dans Candide [3], Voltaire a également illustré l'usage du viol par les belligérants. Tout d'abord, à travers le chapitre 8 concernant l'histoire de Cunégonde violée par un soldat bulgare. Ensuite, aux chapitres 11 et 12, une vieille femme témoigne avoir été violée par un corsaire.

Si les premiers traités juridiques et ordonnances du XVIIIème siècle punissaient sévèrement le viol du supplice de la roue, de la corde, ou par le bannissement à perpétuité de l'auteur, en pratique, le viol était souvent excusé par la justice et la société. De plus, pour que le viol soit caractérisé, il fallait apporter la preuve d'une résistance : « s'il est prouvé qu'il n'y a eu que les

1. Centre régional d'information pour l'Europe occidentale des Nations Unies, Conflits : les victimes civiles en 6 chiffres, 6 mai 2021.
2. Tite-LIVE, Histoire romaine, I, 9, 6 et 10 : Aegre in Romana pubes passa et haud dubie ad uim spectare res coepit […], tum excomposito orta ius signoque dato iuuentus romana ad rapiendas uirgines discurr*it*..
3. Voltaire, Candide ou l'optimisme (1759) , éd. René Pomeau, Paris, Nizet, 1959 ; réédition en 1963.

premiers efforts, ce n'est point le cas de viol » [1]. La banalisation voire le mépris des victimes de viol en temps de paix est un facteur important permettant d'expliquer la lenteur de la mobilisation contre l'usage du viol en temps de conflits. Pourtant, le Code Lieber du 24 avril 1863, est l'une des premières sources de codification du droit de la guerre prohibant le viol à l'article 44. Cependant, il a fallu attendre la fin du XXème siècle pour que le viol soit véritablement au centre des débats. Ce questionnement autour du viol a été impulsé essentiellement par des mouvements de juristes féministes comme Susan Brownmiller qui affirmait que : « le viol est l'acte du conquérant : le signe du vainqueur et, pour le pays vaincu, une humiliation profonde » [2]. Le viol a finalement été reconnu comme un crime en droit international au début des années 1990, puisque pendant, longtemps, il était perçu comme un dommage collatéral pour maintenir le moral des combattants ou comme une récompense de guerre pour les vainqueurs. Le génocide rwandais et le conflit en Bosnie-Herzégovine ont conduit aux premières réflexions juridiques au sujet de l'usage massif et systématique du viol. Effectivement, le 8 janvier 1993, pour la première fois, l'usage systématique du viol, est dénoncé dans les médias par le journaliste Paul Amar dans le journal télévisé de France 2 : « Les Serbes en guerre contre les Bosniaques violent fréquemment les femmes et les filles de leurs ennemis. Ce qui ajoute au crime, c'est que ces viols sont prémédités, programmés en quelque sorte, pour peupler la Bosnie d'enfants serbes » [3]. Le viol en période de conflit devient un réel enjeu de droit international.

Ce sujet démontre l'importance de l'internationalisation du droit pénal qui est *l'ultima ratio* [4] de l'encadrement juridique du viol. Le viol un enjeu pluridisciplinaire puisqu'il allie les règles de droit pénal, les sciences criminelles comprenant la criminologie, et le droit international public. Le droit pénal est

---

1. Les Institutes au droit criminel de l'avocat Muyart de Vouglans, 1757.
2. S. Brownmiller, Le viol, Stock, 1976. Paru en anglais en 1975 sous le titre Against our will. Men, women and rape (New York, Simon et Schuster).
3. P. Amar, Journal télévisé de France 2, le 8 janvier 1993.
4. Traduction latine : dernier recours.

le droit de la punition, il est essentiel, car il prévoit des sanctions applicables pour des comportements actifs ou passifs que le législateur désigne comme punissables. En l'espèce, le viol est un acte de commission sanctionnable et caractérisant une infraction. Néanmoins, face aux nombreuses violations des droits et à la défaillance de protection des États, il était essentiel d'avoir des garanties d'un niveau supérieur que seul l'ordre juridique international était à même de fournir. De plus, si en droit interne, la société est considérée comme la première victime d'une infraction, en droit international, l'infraction porte essentiellement atteinte à l'ordre international et parfois à l'humanité tout entière. Cet enjeu nécessite de s'intéresser à la répression du viol en droit interne et en droit international, d'étudier les normes juridiques protégeant les victimes. L'aspect criminologique des auteurs de viol est primordial afin de comprendre l'origine de ces agissements et de mettre en œuvre des mesures de prévention et d'aide permettant de restreindre cette forme de délinquance. Il faut également analyser la mobilisation internationale face à cet enjeu. En 2015, le médecin Denis Mukwege a réalisé le documentaire suivant ; « L'Homme qui répare les femmes : La Colère d'Hippocrate », alertant sur les viols massifs et destructeurs commis par les divers groupes armés envers les femmes congolaises. Le médecin émettait plusieurs interrogations quant à la lutte contre le viol en période de conflit. Finalement, la guerre en Ukraine remet en évidence ces mêmes interrogations, ce qui sème le doute quant à l'effectivité de la communauté internationale.

Si au plan interne, le viol est une notion étant progressivement au centre du débat politique et qui connaît fréquemment des modifications législatives. Au plan international, l'instrumentalisation du viol est un sujet dont la reconnaissance a été assez tardive, pour cause, ce n'est qu'à partir des années 1970 que la mobilisation de juristes féministes américaines a permis de dénoncer les actes de violences sexuelles commis pendant la Seconde Guerre mondiale [1]. En

1. C. Fourcans, Les violences sexuelles devant les juridictions pénales internationales, Thèse de Doctorat en Droit Public, Université Paris X

2024, plusieurs conflits armés instrumentalisent le corps des femmes, ce qui pose encore de nombreuses interrogations quant à la capacité de la justice pénale à réprimer les auteurs et à protéger les victimes. Pourtant, la création de la Cour pénale internationale (Cpi) était l'espoir d'une répression efficace se substituant à ces États défaillants. Au regard de ces éléments, les conflits armés actuels amènent à se demander si le droit encadre efficacement le viol afin de lutter contre son instrumentalisation en période de conflit armé.

Le Dih, encadrant juridiquement les règles de la guerre dont le comportement des belligérants, a longtemps exclu des actes illicites le viol à l'encontre des civils. Finalement, cette exclusion n'est que le reflet de la société de l'époque. L'encadrement du viol n'était pas identifié comme utile et urgent par le Dih, car il était perçu comme un acte isolé aux conflits armés. Le Dih n'est pas la seule branche du droit international public négligeant l'encadrement juridique du viol à l'échelle internationale. En effet, l'apparition d'instruments internationaux garantissant les droits de l'homme a été perçue comme une avancée majeure dans la protection des droits inhérents à la personne humaine. Toutefois, ces instruments n'abordent pas explicitement la notion de viol qui est très souvent assimilée lors des conflits à un acte de torture ou à une atteinte à l'intégrité physique. Il a fallu attendre la création de textes spécifiques pour que les violences sexuelles soient évoquées. Finalement, le tardif encadrement juridique du viol en période de conflit armé résulte de la lente prise de conscience de la communauté internationale concernant la gravité de cet acte et sur son usage systématique pendant les conflits (1). Les atrocités commises durant la Seconde Guerre mondiale ainsi que durant les conflits de la fin du XXème siècle jusqu'à nos jours ont permis de mettre en exergue les nombreuses victimes de viols. 80 000 victimes de viols à Nankin en Chine en 1937, 500 000 victimes au Rwanda en 1994, 60 000 victimes en Bosnie-Herzégovine de 1992 à 1995, et entre 200 000 et 600 000 en Rdc. Dès lors, ces chiffres ont démontré que le viol ne pouvait plus être réduit à un acte isolé. L'encadrement juridique du viol

---

Nanterre La défense, 5 novembre 2007, 565 p.

est devenu impératif en droit international. En effet, l'usage perpétuel du viol nécessite un intérêt juridique particulier (2). Cette préoccupation d'une protection juridique pour les victimes est étroitement liée à la répression des auteurs ainsi qu'à la réparation des dommages. En effet, les conflits actuels démontrent la nécessité de lutter contre l'absence de sanction des auteurs. Cette lutte étant un échec en droit interne, elle trouve un certain intérêt à la juridicité du droit international. Le droit doit également répondre à l'urgence de la prise en charge des nombreuses victimes de viol qui sont souvent oubliées en matière pénale. Ces deux objectifs, l'impunité et la réparation, sont essentiels pour la restauration de la paix. Ces dernières décennies ont confirmé l'importance de la mobilisation de la communauté internationale dans la lutte contre le viol. L'absence de répression favorise un climat violent car les combattants se sentent intouchables, ils perpétuent donc ces violences. De plus, cette impunité incite les familles des victimes à recourir à la vengeance. Par ailleurs, elle démontre également que les victimes sont ignorées par la justice et peu protégées par l'État. La lutte contre l'impunité des auteurs de viol est devenue l'un des objectifs de la Cpi (3). Nonobstant, la justice pénale internationale ne peut être la seule solution à l'impunité, il est essentiel qu'il y ait plusieurs alternatives, pour renforcer la répression. L'arsenal répressif ne peut être le seul instrument de lutte contre l'impunité, les États doivent mettre en place certaines mesures afin d'empêcher les fuites de ces auteurs. De plus, le droit pénal accorde principalement de l'importance aux auteurs, ce qui explique que la place de la victime est encore négligée dans le processus de lutte contre le viol. Néanmoins, contrairement au siècle dernier, le viol en période de conflit est médiatisé, et est un enjeu majeur de l'Onu ainsi que des États. Est alors mise en place par différents acteurs internationaux, une mobilisation afin de renforcer de manière progressive la protection et la réparation des femmes (4).

1

Un encadrement juridique tardif concernant le viol en période de conflit armé

En 1998, le Csnu affirme que le viol n'est pas expressément défini, ni par le Dih, ni par le droit international des droits de l'Homme (Didh) [1]. L'absence de définition juridique claire et précise empêche de garantir une sécurité juridique. Les civils face au viol ne bénéficiaient pas d'une protection explicite et suffisante de la part du droit international public (**1.1**). Cependant, c'est l'intervention du droit international pénal (Dip) qui a permis la reconnaissance du viol. En effet, selon le Dip le viol doit être considéré comme constitutif de crime international. Par ailleurs, les premières définitions du viol au plan international ont été élaborées par la jurisprudence de tribunaux pénaux *ad hoc*. Par conséquent, la protection juridique du viol a été renforcée avec l'avènement du Dip (**1.2**).

1.1. La faible protection juridique des civils face au viol

Le respect du droit applicable en période de conflit est une utopie puisqu'en temps de paix, les violations sont très récurrentes. Le viol illustre parfaitement ce propos, car en temps de paix ce comportement est prohibé par le droit pénal et le Didh, pour autant, les transgressions persistent. En temps de guerre, il est difficile de protéger les civils en l'absence de définition claire et précise du viol en droit international (**A**) mais également en raison de l'insuffisance des mécanismes de

1. ONU., Conseil Économique et social, G. McDougall, Rapport final sur le viol systématique, l'esclavage sexuel et les pratiques analogues à l'esclavage en période de conflit armé, E/CN.4/Sub.2/1998/13.

protection des droits de l'homme (**B**). D'ailleurs, en 1998, le Csnu reconnaît ce manque de définition dans le Dih et le Didh [1].

A) L'absence de définition en droit international humanitaire

Cette carence en Dih soulève une gêne car le Dih a pour objectif d'humaniser l'inhumain, autrement dit, établir des règles pour encadrer le déroulé de la guerre. Le Dih est donc garant de la bienséance en droit de la guerre. Cette idée de bienséance en droit de la guerre émane d'Henri Dunant, un jeune homme d'affaires suisse souhaitant rencontrer Napoléon III durant la bataille de Solférino. Cette bataille sanglante fit environ 40 000 hommes blessés et abandonnés sur le champ de bataille, et donc stupéfait par cela, Henri Dunant eut la volonté d'encadrer la guerre. En 1862, « Un souvenir de Solférino » est publié, puis deux ans après une Convention est adoptée pour améliorer le sort des militaires blessés dans les armées en campagne. C'est la première convention de Dih L'idée d'une guerre « plus propre » repose sur deux types d'impératifs contraires, d'une part les nécessités tactiques et stratégiques militaires, et d'autre part les nécessités humanitaires à l'égard des non-combattants. À la fin du XIXème, les États adoptent la thèse d' Henri Dunant, et le Comité international de la Croix-Rouge est créé. Un droit protecteur se développe en deux pôles. Tout d'abord, le droit de La Haye, appelé *jus ad bellum,* signifie le droit de la guerre visant à restreindre les moyens et méthodes de guerre. Les conventions de 1899 limitent l'usage de certaines armes, et celles de 1907 codifient les lois et coutumes de la guerre. Ensuite, le second pôle concerne le droit de Genève, institué par les quatre conventions de Genève et leurs protocoles additionnels, traditionnellement appelés le *jus in bello.* Ces quatre conventions ont été complétées par deux protocoles additionnels en 1977 portant sur la protection des victimes des conflits armés internationaux ou non-internationaux. Par conséquent, ces deux pôles démontrent que le Dih opère une

1. ONU., Conseil Économique et social, G. Mcdougall, Rapport final sur le viol systématique, l'esclavage sexuel et les pratiques analogues à l'esclavage en période de conflit armé, E/CN.4/Sub.2/1998/1.

distinction entre les combattants et les non-combattants. Les combattants sont protégés par le droit de La Haye et dès lors qu'ils ne sont plus en état de combattre, ils perdent leur statut de combattant. En perdant ce statut, ils bénéficient de la protection offerte par le droit de Genève. En parallèle, la protection des civils est une priorité du Dih, mais les statistiques démontrent que la guerre impacte plus les civils que les combattants. En effet, les quelques chiffres suivants démontrent ce propos puisque lors de la guerre de Corée, 60 % des victimes étaient des civils et à partir du conflit vietnamien 70 % des victimes étaient des civils. Aujourd'hui, environ 80 % des victimes de conflits armés sont des civils. Pourtant, ceux-ci jouissent des droits fondamentaux dont ils disposent en temps de paix notamment le droit à la vie, le droit à la dignité et le droit au secours. Certains civils bénéficient d'une protection particulière en raison de leur vulnérabilité : les femmes, les enfants, les réfugiés, les personnes âgées et certains corps professionnels du fait de leur rôle au sein du conflit. Finalement, l'espoir de contrôler le comportement des belligérants en imposant des normes juridiques est utopiste puisque le but de la guerre est la soumission du camp adverse et pour atteindre rapidement cet objectif, ils usent de n'importe quelle méthode.

Concernant les méthodes et les moyens de combat, il faut rappeler qu'en vertu de la déclaration de Saint-Pétersbourg de 1868, « le seul but légitime que les États doivent s'opposer durant la guerre est l'asservissement des forces militaires de l'ennemi ». Poursuivant le même raisonnement, l'article 35 du pacte additionnel aux conventions de Genève, reprend la clause de Martens en affirmant que « les parties au conflit n'ont pas un choix illimité quant aux moyens de faire la guerre et de nuire à l'ennemi ». Parmi les trois principes fondamentaux qui s'imposent aux belligérants dans la conduite des opérations, figure le principe de distinction entre civils et militaires. Toutefois, la protection des civils face au viol est faible. En effet, cette branche du droit international public n'a pas recherché à approfondir la définition du viol, et elle propose aux civils une faible protection face à cette atteinte. Le viol en période de conflit est visé par l'article 27 de la IVème

Convention de Genève relative à la protection des personnes civiles en temps de guerre, qui dispose que « les femmes seront spécialement protégées contre toute atteinte à leur honneur, et notamment contre le viol, la contrainte à la prostitution et tout attentat à leur pudeur ». En principe, l'interdiction du viol est explicite, les rédacteurs se concentrent particulièrement sur la protection des femmes. Cependant, le texte ne donne aucune définition du viol, or, une règle de droit doit être claire et précise. Sans définition du viol, il est difficile de savoir ce qui entre dans le champ de cette notion. Peut-être qu'à cette époque la définition du viol était d'une telle évidence qu'ils n'ont pas jugé nécessaire et utile de définir cet acte. En effet, la pénétration de l'homme dans le vagin de la femme était la seule forme de viol plausible pour la société de l'époque.

L'article 76 du Protocole additionnel I reconnaît que « 1. Les femmes doivent faire l'objet d'un respect particulier et seront protégées, notamment contre le viol, la contrainte à la prostitution et toute autre forme d'attentat à la pudeur ». L'article 4.2.e du IIème protocole additionnel prohibe sans distinction de sexe « les atteintes à la dignité de la personne, notamment les traitements humiliants et dégradants, le viol, la contrainte à la prostitution et tout attentat à la pudeur ». Cette protection est large puisqu'elle s'applique à tous les belligérants. Une fois de plus, la vulnérabilité des femmes est mise en exergue du seul fait de leur sexe. En effet, ces dernières étant plus sujettes aux violences sexuelles, il est primordial de les protéger davantage. Par ailleurs, dans les conventions de Genève et ses protocoles, « l'attentat à la pudeur » et « l'atteinte à leur honneur » sont les expressions qui sont le plus souvent utilisées au détriment de celles de violences sexuelles ou d'agressions sexuelles. Or, le viol est une violence assez spécifique et qu'il est fréquemment effectué à l'égard des civils et plus particulièrement des femmes et des enfants. L'absence des termes « violence sexuelle » et « viol » pointe la considération dérisoire de cette atteinte en Dih . Effectivement, le préjudice du viol était réduit à la seule atteinte à l'honneur de la femme. Cette appréciation reposait alors sur un système de valeur fondé sur les rapports sociaux entre les hommes et les femmes. Les rédacteurs préféraient se focaliser sur les préjudices atteignant la chasteté, la pudeur et la valeur de la victime plutôt que sur les préjudices physiques et moraux. Cette vision limite ainsi l'acte au sentiment de honte ressenti par la victime ainsi qu'à la stigmatisation de la société sur le corps de la femme. Une telle interprétation du viol minimise les préjudices des victimes et crée un sentiment de honte voire de culpabilité au motif que leur honneur serait entaché.

L'expression « atteinte à l'honneur » n'est pas réutilisée dans le protocole additionnel I, toutefois le viol est toujours qualifié d'attentat à la pudeur et d'atteinte à la dignité [1]. La notion de dignité permet de rappeler la valeur de l'être humain et d'indiquer la manière dont il doit être traité. Selon Emmanuel Kant, la dignité est le fait qu'une personne ne doit jamais être traitée seulement comme un moyen, mais toujours comme une fin en soi. Par conséquent, la dignité de la personne humaine doit être protégée contre toute forme d'asservissement et de dégradation [2]. Bien que la reconnaissance du viol en tant qu' atteinte à la dignité de l'Homme soit une avancée, il ne peut pas être limité à cette seule atteinte, les conventions de Genève ne reconnaissent toujours pas le caractère dévastateur de cet acte. Le viol n'est pas un acte figurant dans la liste des « infractions graves » de l'article 147 alors que s'y trouvent les infractions suivantes : « l'homicide intentionnel, la torture ou les traitements inhumains, y compris les expériences biologiques, le fait de causer intentionnellement de grandes souffrances ou de porter des atteintes graves à l'intégrité physique ou à la santé, la déportation ou le transfert illégaux, la détention illégale, le fait de contraindre une personne protégée à servir dans les forces armées de la Puissance ennemie, ou celui de la priver de son droit d'être jugée équitablement et impartialement selon les

1. Protocole additionnel aux Conventions de Genève du 12 août 1949 relatif à la protection des victimes des conflits armés internationaux (Protocole I), article 75.
2. Cons.Const., 27 juillet 1994, décision -n° 94-343/344, relative au contrôle de conformité de la loi relative au respect du corps humain et loi relative au don et à l'utilisation des éléments et produits du corps humain, à l'assistance médicale à la procréation et au diagnostic prénatal, JO, 29 juillet 1994, p.11024.

prescriptions de la présente Convention, la prise d'otages, la destruction et l'appropriation de biens non justifiées par des nécessités militaires et exécutées sur une grande échelle de façon illicite et arbitraire » [1]. L'omission du viol dans cette liste démontre qu'il y a moins d'un siècle, les préjudices liés à cette atteinte n'étaient pas pris en considération alors qu'elle a caractère tout autant destructeur.

Le viol n'est même pas reconnu comme étant un crime de guerre en Dih, mais cela n'est pas propre au droit international. En 1949, les conventions de Genève ne considèrent pas le viol ou les autres violences sexuelles comme des infractions graves. Les infractions graves, mentionnées ci-dessus, font obligatoirement l'objet de poursuites pénales, les autres infractions n'entraînent qu'une obligation pour les États de les faire cesser [2]. Pourtant, le viol est un acte d'une telle violence physique et morale que son caractère ravageur relève de l'évidence. De plus, ces dispositions relatives au viol visent uniquement à assurer une protection plutôt qu'à instaurer des interdictions strictes. Il a fallu attendre le premier protocole additionnel aux conventions de 1977 pour que le viol soit considéré comme étant une infraction grave. Par ailleurs, le Dih ne prévoit aucun mécanisme juridictionnel afin qu'une victime puisse demander réparation. Par ailleurs, cette convention est très limitée puisqu'elle ne s'applique que dans le cas des conflits armés internationaux. Ce n'est qu'avec l'adoption du Protocole additionnel (II) aux Conventions de Genève de 1949, que le viol a également été réprimé lors de conflits armés non-internationaux. Ce protocole est un complément de l'article 3 commun à ces Conventions qui était le seul texte de Dih applicable aux conflits armés non-internationaux. Malgré l'apport des deux protocoles, la rédaction des conventions de Genève reste tout de même archaïque, le viol est toujours perçu comme un simple attentat à la pudeur [3]. La notion d'attentat à la

1. Convention Genève IV relative à la protection des personnes civiles en temps de guerre, article 147.
2. Convention de Genève IV relative à la protection des civils en temps de guerre, article 146.
3. Convention de Genève IV relative à la protection des personnes civiles en temps de guerre, article 27.

pudeur n'y est pas définie et c'est une notion assez vaste comprenant des actes divers allant de comportements relativement légers à des actes bien plus graves. Cette notion d'attentat à la pudeur ne sera définie qu'ultérieurement comme « une douleur ou [...] une blessure infligée à la victime [...] suite à un acte à caractère sexuel [...] perpétré par la contrainte, la violence, la menace ou l'intimidation, et sans le consentement de la victime » [1]. Cette qualification d'atteinte à la pudeur minimise la violence de l'acte ainsi que le contexte dans lequel il a été commis. Il ne s'agit pas d'un simple attentat à la pudeur de la victime, mais bien d'une atteinte à l'intégrité physique et morale de celle-ci, l'atteinte à la pudeur n'est que l'une des conséquences de l'acte. À travers cette rédaction, le viol est uniquement perçu comme la profanation du corps de la femme et de ce qu'elle représente car le viol la souille. Il est fort regrettable que les seules violences sexuelles citées par les conventions de Genève soient le viol et la prostitution forcée alors qu'il existe d'autres formes de violences sexuelles comme l'esclavage sexuel ou la grossesse forcée. Par ailleurs, l'absence de définition du viol démontre l'indifférence, la méconnaissance voire le désintérêt des rédacteurs composés principalement d'hommes.

En effet, il aurait été pertinent qu'une définition soit établie sur le fondement du droit interne des États et de travaux en droit international afin de trouver une définition faisant consensus au regard des différents États. En droit français, la définition du viol a évolué dans le temps. À l'origine, dans le Code de 1810, il n'y avait aucune définition de la notion de viol. La doctrine a donc élaboré diverses définitions : « le viol est le fait de connaître charnellement une femme sans la participation de sa volonté » ou alors « le viol est le coït illicite avec une femme qui n'a pas consenti ». Pour la doctrine, il s'agissait d'un viol dès lors qu'il y avait introduction non consentie du sexe d'un homme dans le vagin d'une femme. Tous les autres actes de nature sexuelle étaient des attentats à la pudeur réprimés moins

1. TPIR, Chambre de Première Instance I, Le procureur c. Alfred Musema, Jugement et Sentence, affaire n°ICTR-96-13-T, 27 janvier 2000, paragraphe 156.

sévèrement. La loi du 23 décembre 1980 relative aux infractions sexuelles a apporté la première définition juridique émanant du législateur de la notion de viol. Il y avait un souhait d'élargir le champ d'application du viol en supprimant toute distinction fondée sur le sexe de l'auteur ou celui de la victime et en prenant en compte toutes les sortes de pénétration. L'article 222-23 du Code pénal a repris cette définition, toutefois le législateur est intervenu à deux reprises. D'abord, en 2018, il précise que le viol peut être constitué par la pénétration de la victime sur la personne de l'auteur, puis en 2021, il retient que le viol peut être caractérisé par un acte bucco-génital réalisé sur la personne de la victime. En droit belge, jusqu'en 1989, le viol n'était pas considéré comme une atteinte à l'intégrité physique, sexuelle et morale d'une personne, mais comme un crime contre la famille et la moralité publique. Le Code pénal belge n'avait établi aucune définition de cet acte. Par conséquent, selon la doctrine, le viol était le fait d'avoir des relations sexuelles normales, illicites, avec une femme qui s'y oppose ou qui ne les autorise pas valablement.

Dans les États du Common law comme au Royaume-Uni, avant 1976, le viol se définissait comme étant un rapport sexuel illicite avec une femme sans son consentement et obtenu par la force, la ruse, ou grâce à la peur provoquée chez la victime. Des lésions corporelles étaient traditionnellement exigées comme preuve de l'emploi de la force et d'une résistance de la victime. Néanmoins, depuis 1976, la loi ne fait plus de distinction de sexe et la victime devra apporter la preuve de l'absence de son consentement, car cette absence de consentement est désormais un élément essentiel de l'infraction. Les cinquante États des États-Unis ont établi des définitions différentes du viol, toutefois, ils s'accordent sur l'absence de consentement de la victime. En effet, ils estiment que cette dernière n'est pas tenue de résister physiquement à son agresseur pour prouver son absence de consentement à l'acte, la seule expression verbale de protestation suffit. Il est regrettable que le viol soit regardé uniquement comme étant une atteinte à l'honneur, à la famille ou à la société plutôt qu'une violation de l'intégrité physique de la victime.

B) L'insuffisance des mécanismes de protection des droits de l'homme

Si en Dih, l'individu demeure un objet de la règle de droit, dans le cadre du Didh, l'individu apparaît véritablement comme un sujet titulaire de droits conférés par la norme internationale et capable de s'en prévaloir, le cas échéant, au plan international. Le Didh est également une source permettant de donner une définition au viol. Le Dih étant insuffisant concernant le viol en temps de conflits, il est nécessaire de s'appuyer sur les instruments de protection des droits de l'homme qui ont joué un rôle dans l'amélioration de l'encadrement de cette atteinte. Il a été affirmé ci-dessus que les civils en temps de guerre bénéficient des droits fondamentaux dont ils disposent en temps de paix. La conférence de Téhéran de 1968 a rappelé l'obligation de respecter les droits de l'homme des civils même lors de conflits. Au plan international, les « droits de l'homme » relèvent aussi du droit international public et ce droit s'est développé à partir de 1945 dans le cadre de la Charte des Nations unies, signée en 1945 à San Francisco. Le Dih étant un échec à l'encadrement juridique du viol en période de conflit, les instruments de protection du Didh peuvent potentiellement combler cette lacune du fait qu'ils s'appliquent en toute circonstance. Par conséquent, en l'absence d'une telle définition, l'espoir d'un encadrement juridique en droit international s'est porté sur la branche des Droits de l'homme. Bien que le Didh soit appliqué en temps de paix, il est possible de se fonder sur son interprétation pour les faits commis en temps de conflits.

Dans son observation du 24 juillet 2001, le Comité des droits de l'homme reconnaît que l'article 4 du Pacte international relatif aux droits civils et politiques (Pidcp) exige qu'« aucune mesure ne soit incompatible avec les autres obligations qui incombent aux États parties, en particulier, les règles du Dih » [1]. Le comité des droits de l'homme poursuit en affirmant que « les États parties ne peuvent en aucune circonstance, invoquer l'article 4 pour justifier des actes attentatoires au droit

1. Comité des droits de l'Homme, observation n °29 du 24 juillet 2001.

humanitaire et aux normes impératives du droit international ». De cette façon, même en cas de conflit armé, des mesures dérogeant au pacte ne peuvent pas être prises. Dans son observation n°29, le comité des droits de l'homme indique que le pacte s'applique aussi dans les situations de conflits armés auxquelles les règles de droit international sont applicables. De plus, il ajoute que même si, pour certains droits consacrés par le pacte, des règles plus spécifiques du Dih peuvent être pertinentes, les deux domaines du droit sont complémentaires et ne s'excluent pas. Ainsi, en cas de conflit armé, la protection des droits de l'homme demeure-t-elle applicable. Cet argument est soutenu par la Cour internationale de justice (Cij) dans son avis consultatif du 8 juillet 1996 [1] sur la licéité de la menace ou de l'emploi d'armes nucléaires. Dans cet avis, la Cij a rejeté la thèse soutenant que le Pidcp viserait uniquement la protection des droits de l'Homme en temps de paix alors que les questions relatives à la privation illicite de la vie seraient régies par le droit international applicable aux conflits armés. La Cij reconnaît donc que la protection offerte par le pacte ne cesse pas en temps de guerre, elle étend ce principe dans un avis du 9 juillet 2004 en affirmant que « de manière plus générale, la protection offerte par les conventions régissant les droits de l'homme ne cesse pas en cas de conflit armé, si ce n'est par l'effet de clauses dérogatoires qu'elles contiennent » [2]. En 2014, la Cedh suit le même raisonnement et affirme : « conformément à la jurisprudence de la Cij, la Cour considère que même en temps de guerre, les garanties énoncées dans la Convention continuent de s'appliquer, tout en étant interprétées à l'aune des règles du Dih » [3].

Au-delà de cette complémentarité, le Dih a été grandement influencé par le Didh. Les instruments de protection des Didh prohibent d'une certaine manière le viol en période d'hostilité. Cette interprétation permet de prohiber implicitement le viol.

1. CIJ, 08 juillet 1996, Licéité de la menace ou de l'emploi d'armes nucléaires, avis consultatif n°19960708.
2. CIJ, 09 juillet 2004, Conséquences juridiques de l'édification d'un mur dans le territoire palestinien occupé, Rec., 2004, p. 60.
3. CEDH, Gr., 16 sept 2014, Hassan c. Royaume-Uni, Req n° 29750/09.

Tout d'abord, concernant les conventions sur les droits de l'homme au plan universel : l'article 5 de la déclaration universelle des droits de l'homme et l'article 7 du Pidcp, disposent que « Nul ne sera soumis à la torture, ni à des peines ou traitements cruels, inhumains ou dégradants ». Bien que ces textes puissent s'appliquer au viol, ils ne prohibent pas explicitement cet acte et ne donnent aucune définition du viol. Par ailleurs, le Pidcp n'a été mis en vigueur qu'en 1976. Par conséquent, la Dudh n'ayant aucune valeur contraignante ne permettait pas de garantir véritablement la protection des victimes de viol. De plus, à cette époque aucun instrument de protection des droits de l'homme à l'échelle internationale ne procède à une définition du viol. Ensuite, à l'échelle régionale, les droits de l'homme sont également protégés sur le continent africain. En effet, l'article 5 de la charte africaine des droits de l'homme et des peuples énonce : « tout individu a droit au respect de la dignité inhérente à la personne humaine et à la reconnaissance de sa personnalité juridique. Toutes formes d'exploitation et d'avilissement de l'homme notamment l'esclavage, la traite des personnes, la torture physique ou morale, et les peines ou les traitements cruels inhumains ou dégradants sont interdites ». L'article 3 de la Cesdh et l'article 4 de la Charte des droits fondamentaux de l'Union Européenne disposent que « nul ne sera soumis à la torture, ni à des peines ou traitements inhumains ou dégradants ». La Cour européenne des droits de l'Homme (Cedh) reste assez vague afin de laisser la liberté à chaque État membre d'établir une définition propre à eux : le viol est donc tout acte sexuel non consenti, y compris en l'absence de résistance physique de la part de la victime [1]. La cour ne donne pas de définition claire et précise du viol, mais elle affirme « que toute approche rigide de la répression des infractions à caractère sexuel, qui consisterait à exiger dans tous les cas la preuve qu'il y a eu résistance physique, risque d'aboutir à l'impunité des auteurs de certains types de viol et par conséquent de compromettre la protection effective de

1. CEDH, 1ère section., 4 décembre 2003, MC c. Bulgarie, Requête n°39272/98.

l'autonomie sexuelle de l'individu » [1]. La Cedh a reconnu explicitement dans un arrêt de 1997 que le viol, en l'espèce d'un détenu par un agent de l'État, devait être considéré comme une forme particulièrement grave et odieuse de mauvais traitement, compte tenu de la facilité avec laquelle l'agresseur peut abuser de la vulnérabilité de sa victime et de sa fragilité [2]. Bien que la Cedh ne fournisse pas de définition claire et précise du viol, elle considère tout de même que cet acte est assimilable à un acte de torture contrairement au Dih qui ne le qualifiait que comme étant un attentat à la pudeur. Au regard de la jurisprudence de la Cedh, le viol en temps de paix ou en période de conflit, constitue un acte de torture ainsi qu'une forme de mauvais traitement. La Convention américaine relative aux droits de l'homme garantit également l'intégrité de la personne humaine contre toute forme de torture ou de traitements cruels, inhumains ou dégradants [3]. La Charte arabe des droits de l'homme protège le même droit à son article 8.

Par ailleurs, certaines conventions à thématiques particulières ont été adoptées au plan universel ainsi qu'au plan régional et peuvent s'appliquer au viol. En application de la jurisprudence du Tpir qui considère le viol comme acte de génocide [4], l'article 2.b de la Convention pour la prévention et la répression du crime de génocide peut s'appliquer [5]. De même, au regard de la jurisprudence des tribunaux pénaux internationaux qualifiant le viol en temps de guerre, d'acte de torture, s'appliquent alors ; la Convention contre la torture et autres traitements cruels, inhumains ou dégradants [6] ; la Convention européenne pour la prévention de la torture et des

1. *Ibid.*
2. CEDH, Gr., 25 septembre 1997, Aydin c. Turquie, Requête n°23178/94.
3. Convention américaine relative aux droits de l'homme, article 5.
4. TPIR, Chambre 1, jugement, 2 septembre 1998, Le Procureur c. Jean-Paul Akayesu, Affaire n° ICTR-96-4-.
5. La Convention pour la prévention et la répression du crime de génocide, adoptée sous l'égide de l'ONU le 9 décembre 1948 et entrée en vigueur en 1951. Elle compte 153 États parties.
6. La Convention contre la torture et autres traitements cruels, inhumains ou dégradants, adoptée sous l'égide de l'ONU le 10 décembre 1984 et entrée en vigueur en 1987. Elle compte 173 États parties.

peines ou traitements inhumains ou dégradants ; la Convention américaine de prévention et de répression de la torture.

Conscient que certaines catégories de personnes sont plus vulnérables, le Didh a établi des instruments particuliers pour elles, afin de renforcer leur protection juridique en prenant en considération leurs spécificités comme, le sexe, l'âge, la minorité ethnique. De plus, cette branche du droit a établi des instruments de protection juridique particuliers pour les civils vulnérables. Si en temps de paix la femme nécessite une protection particulière en raison de sa vulnérabilité induite par une société inégalitaire et discriminatoire à son égard, en temps de conflit, elle est la première cible d'actes de violence donc elle en nécessite davantage. La Déclaration et le Programme d'action de Vienne adoptés par la Conférence mondiale sur les droits de l'Homme ont affirmé que « les violations des droits fondamentaux des femmes dans les situations de conflit armé contreviennent aux principes fondateurs des droits de la personne humaine et du droit humanitaire » [1]. Le Didh a très vite perçu la nécessité de renforcer les droits des femmes et de les protéger davantage. Il a également mis en évidence la vulnérabilité des femmes face aux viols en raison de leur sexe et de ce qu'elles représentent dans la société. Elles portent la vie et donc assurent la reproduction de l'espèce humaine et plus précisément la pérennité d'un groupe ethnique. En raison de ces divers facteurs sociaux, les femmes sont les premières cibles de viols et de violences sexuelles. La convention sur l'élimination de toutes les formes de discrimination à l'égard des femmes affirme dans son article 1, défini la discrimination comme étant : « toute distinction, exclusion ou restriction fondée sur le sexe qui a pour effet ou pour but de compromettre ou de détruire la reconnaissance, la jouissance ou l'exercice par les femmes, quel que soit leur État matrimonial, sur la base de l'égalité de l'homme et de la femme, des droits de l'homme et des libertés fondamentales dans les domaines politique, économique, social, culturel et civil ou dans tout autre domaine ». La quatrième Conférence mondiale sur les femmes, organisée par l'Onu à

1. Conférence mondiale sur les droits de l'homme vienne n° 157/23, 25 juin 1993.

Beijing en 1995, a reconnu l'impact des conflits armés sur la vie des femmes. La Déclaration de Beijing fait état de la détermination des États participants à « faire respecter le droit international, notamment le droit humanitaire, afin de protéger les femmes et les petites filles en particulier » [1]. En 2003, le protocole de la charte africaine des droits de l'homme et des peuples donne une définition de la violence à l'égard des femmes dans son article 1er « tous actes perpétrés contre les femmes causant ou pouvant causer aux femmes un préjudice ou des souffrances physiques, sexuelles, psychologiques ou économiques, y compris la menace d'entreprendre de tels actes, l'imposition de restrictions ou la privation arbitraire des libertés fondamentales, que ce soit en temps de paix, en situation de conflit ou de guerre ». En 2011, la convention du Conseil de l'Europe sur la prévention et la lutte contre la violence à l'égard des femmes et la violence domestique a imposé aux États membres de réprimer [2] :

« a. la pénétration vaginale, anale ou orale non consentie, à caractère sexuel, du corps d'autrui avec toute partie du corps ou avec un objet ; b. les autres actes à caractère sexuel non consentis sur autrui ; c. le fait de contraindre autrui à se livrer à des actes à caractère sexuel non consentis avec un tiers ». La convention poursuit en soutenant que la caractérisation du viol repose sur l'absence de consentement qui est le « résultat de la volonté libre de la personne considérée dans le contexte des circonstances environnantes ». Bien que le consentement soit donné, il doit résulter de la libre volonté, le texte mentionne « les circonstances environnantes » ». Cela signifie que la mention de l'accord donné par un civil à un combattant lors d'un conflit armé doit être reconsidérée au regard des circonstances environnantes. Il n'est pas mentionné que les actes aient été commis sous la contrainte, la menace, la violence, la surprise ou autre moyen afin de pouvoir étendre le

1. J. Gardam, Femmes, droits de l'homme et droit humanitaire, Revue international de la Croix-Rouge (RICR), n° 831, septembre 1998, p. 5.
2. Convention du Conseil de l'Europe sur la prévention et la lutte contre la violence à l'égard des femmes et la violence domestique, STCE n° 210 Istanbul, 11 mai 2011.

champ de répression. Parmi les divers éléments matériels constituant le viol, se trouve la pénétration partielle ou totale de l'auteur dans le vagin de la victime ; la pénétration anale commise par l'auteur sur la personne de la victime ; la pénétration vaginale ou anale sur la victime avec une autre partie du corps de l'agresseur comme les doigts ou les poings ; ou la pénétration de l'anus ou du vagin de la victime avec un objet. Ce sont des éléments qui doivent être inscrits dans la définition afin de ne pas discriminer les victimes de ces violences sexuelles, il ne faut pas omettre que les hommes sont également victimes de viol. Si les femmes sont les premières cibles de cette violence durant les conflits armés, il faut rappeler que sont également ciblés les enfants et plus particulièrement les filles. Pour cette raison, la Charte africaine des droits et du bien-être de l'enfant, la Convention relative aux droits de l'enfant, ainsi que le Protocole concernant l'implication d'enfants dans les conflits armés protègent les enfants des diverses formes d'agressions sexuelles [1].

Malgré cette avancée des Didh dans le domaine des violences sexuelles à l'égard des femmes, cela reste insuffisant en raison de son manque d'efficacité à réprimer les auteurs de ces actes. Le Dih et le Didh étant insuffisants, le Droit international pénal (Dip) s'est montré efficace quant à l'encadrement et à la répression du viol en temps de guerre. Si le Didh vise à reconnaître et à protéger les droits des individus, le Dip vise au contraire à réprimer certains comportements particulièrement graves. L'intervention du Dip a donc permis la reconnaissance du viol qui selon lui doit être considéré comme constitutif de crime international. Par ailleurs, la jurisprudence des tribunaux pénaux *ad hoc* a permis d'établir les premières définitions du viol au plan international. Le Dip étant la combinaison entre le droit pénal et le droit international public, il organise aussi la poursuite des auteurs de viol.

1. Convention internationale des droits de l'enfant, article 34.

1.2. Le renforcement de la protection juridique du viol par le droit international pénal

À la fin des deux guerres mondiales, l'insuffisance du Dih et du Didh a démontré l'incapacité pour le droit international public de lutter efficacement contre le viol en période de conflit. La Seconde Guerre mondiale ainsi que les conflits armés apparus à la fin du XXème siècle ont été marqués par l'accroissement du recours au viol par les combattants. En l'absence d'instruments internationaux convaincants, l'apport de la jurisprudence pénale internationale a permis de mettre en lumière l'usage et l'impact des viols commis par les soldats. Cette jurisprudence a permis de requalifier le viol en acte de torture (**A**), d'établir certaines définitions de cette notion (**B**). Puis, avec la création de l'Onu, l'incrimination du viol a été renforcée (**C**).

A) Le viol de guerre requalifié en acte de torture

L'apparition des deux tribunaux pénaux internationaux ad hoc a permis la revalorisation du crime de viol. En effet, la jurisprudence de ces tribunaux requalifie le viol de guerre en acte de torture. Dans l'affaire *Tadić*, le Tribunal pénal international pour l'ex-Yougoslavie (Tpiy) relève que l'expression "traitements cruels" doit être interprétée largement afin d'englober le viol et les violences sexuelles [1]. Un an plus tard, le Tpiy dans une autre affaire affirme que le viol et les violences sexuelles sont des actes prohibés au regard du droit coutumier de la IVème convention de La Haye ainsi que du Code Lieber [2]. Pour la première fois, une juridiction internationale reconnaît, et juge, le viol comme étant une violation du droit de la guerre. En 1998, le Tpir [3] créé pour les crimes commis lors du conflit rwandais de 1994, a admis que les violences sexuelles, notamment le viol, constituaient des traitements inhumains et dégradants. Par conséquent, les juges ont conclu

1. TPIY, Chambre de Première Instance, Jugement relatif à la Sentence, , 07 mai 1997, Le procureur c. Duško Tadić Affaire n°IT-94-1-T, paragraphe 725.
2. TPIY, 10 décembre 1998, Le procureur c. Anto Furundzija, Chambre de première instance, Affaire n° : IT-95-17/1-T, paragraphe 175.
3. TPIR, 2 septembre 1998, Le Procureur c. Jean-Paul Akayesu, *op. cit.*

que les viols commis lors du conflit entraient dans le champ d'application de l'article 3 communs aux conventions de Genève. Le Tpir a aussi admis que le viol devait être qualifié d'acte de barbarie [1]. Le Dip fait progresser internationalement la notion de viol en temps de conflit, en le considérant comme étant un acte « d'une gravité si importante, heurtant de manière si essentielle la conscience humaine, qu'il constituerait un acte de torture contraire à la coutume internationale réglementant les conflits armés » [2]. Le Dip permet d'apporter pour la première fois de la visibilité sur la véritable nature de cet acte et sur ses conséquences. Le viol n'est plus perçu comme étant uniquement un attentat à la pudeur ou une atteinte à la dignité et à l'honneur. Dès lors, il s'agit d'une véritable progression puisque cela donne plus d'impact et d'importance aux préjudices des viols commis durant les affrontements. De plus, ces victimes de viols sont considérées comme étant des victimes majeures du conflit et non plus comme étant des victimes collatérales. Le viol est désormais perçu par la communauté internationale comme constitutif du crime de torture [3]. Par ailleurs, l'article 4.e du statut du Tpir reconnaît que le viol est l'une des violations graves au Dih. Il est essentiel de rappeler que dans les statuts des deux TPI, le viol est un crime contre l'humanité lorsqu'il est commis dans le cadre d'une attaque contre une population civile. Toutefois, le Tpir ne reconnaît pas explicitement le viol comme un crime de guerre. Au-delà de ces nouvelles requalifications, les tribunaux *ad hoc* ont établi des premières définitions du viol à l'échelle internationale.

1. TPIY, Chambre de première instance II, 16 novembre 1998, Le procureur c. Zejnil Delalic, Zdravko Mucic, Hazim Delic, Esad Landzo, Affaire n° IT-96-21-T.
2. *Ibid.*
3. TPIR, 2 septembre 1998, Le Procureur c. Jean-Paul Akayesu, *op. cit.*

B) L'apport des premières définitions du viol

Dès lors, il y avait une volonté de donner une définition claire et précise afin de garantir une sécurité juridique. À la fin du XXème siècle, c'est l'émergence de premières définitions du viol. En l'absence de textes internationaux apportant une définition claire et précise du viol en période de conflit armé, les tribunaux *ad hoc* ont fourni des définitions jurisprudentielles. D'abord, en 1998, le Tpir, donne une première définition symbolique : « une invasion physique de nature sexuelle commise sur la personne d'autrui sous l'empire de la coercition » [1]. L'utilisation du terme « invasion physique » était une volonté du tribunal d'englober les actes de pénétration par un pénis, une partie du corps ou objets non-sexuels ainsi que les actes ne nécessitant pas de pénétration comme les actes bucco-génitaux. Le terme invasion dans sa définition littéraire signifie l'action d'envahir et de s'imposer par la force, cette action menace inévitablement l'autonomie de la chose envahie. Il faut saluer le choix de ce terme car il est adapté aux circonstances conflictuelles dans lesquelles le viol a été commis. Le Tpir a justifié cette première définition au motif que « l'essence du viol ne réside pas dans le détail des parties du corps et des objets qui interviennent dans sa commission, mais plutôt dans le fait qu'il constitue une agression à caractère sexuel » [2]. Par ailleurs, le Tpir n'a pas énuméré ou détaillé les situations coercitives, la contrainte est donc l'élément matériel essentiel. Ainsi, ce raisonnement, concernant la contrainte, a-t-il été reconnu par le Tpiy la même année [3]. Dans ces deux affaires, les tribunaux ont privilégié des définitions générales et abstraites afin de rattacher au viol les diverses situations existantes.

Malgré la volonté pour les tribunaux *ad hoc* d'englober toutes les violations de nature sexuelle commises en période de

1. *Ibid* paragraphe 1726.
2. TPIR, 16 novembre 2001, Le procureur c. d'Alfred Musema, Jugement ICTR,-96-13-A.
3. TPIY, Chambre de première instance II, 16 novembre 1998, Le procureur c. Zejnil Delalic, Zdravko Mucic, Hazim Delic, Esad Landzo, *op. cit.*, paragraphe 479.

conflit, notamment dans le cadre d'une politique génocidaire, la définition du viol reste tout de même trop vague. Or, le droit pénal exige que les infractions soient définies de manière claire et précise. En décembre 1998, dans le jugement de l'affaire *Furundžija*, les juges du Tpiy ont souhaité préciser les comportements constitutifs de viol comme suit « la pénétration du vagin, de l'anus ou de la bouche par le pénis, ou du vagin ou de l'anus par un autre objet. Il englobe la pénétration, fut-elle légère, de la vulve, de l'anus ou de la cavité orale par le pénis, et la pénétration sexuelle de la vulve ou de l'anus n'est pas limitée au pénis » [1]. Dans cette nouvelle définition, le viol exigeait « l'emploi de la force, de la menace ou de la contrainte contre la victime ou une tierce personne ». Par ailleurs, le Tpiy insiste pour que la pénétration orale soit qualifiée de viol. Bien que cette définition soit très précise et technique, elle a été critiquée notamment par les mouvements de protection des droits des femmes la considérant comme étant excessivement mécanique. Néanmoins, il faut souligner que le Tpiy a analysé les définitions du viol données par divers États afin d'établir un consensus. Le Tpiy a continué à fournir une définition précise dans l'affaire Kunarac en 2001, le viol serait donc : « la pénétration sexuelle, fût-elle légère : a) du vagin ou de l'anus de la victime par le pénis du violeur ou tout autre objet utilisé par lui ; ou b) de la bouche de la victime par le pénis du violeur, dès lors que cette pénétration sexuelle a lieu sans le consentement de la victime » [2]. Concernant le consentement, la juridiction reconnaît qu'il doit avoir été donné volontairement et qu'au regard des circonstances, il sera apprécié souverainement par les juges. Si dans l'affaire Furundžija le Tpiy insistait sur les actes bucco-génitaux, cette fois-ci, c'est la notion de consentement qui est mise en évidence. En effet, les juges reconnaissent à travers cette définition, que d'autres facteurs font de la pénétration sexuelle un acte non-consensuel ou non voulu par la victime et non plus uniquement l'emploi de la force, de la menace ou de la contrainte. Par conséquent, le Tpiy

---

1. TPIY, 10 décembre 1998, Le Procureur c. Anto Furundzija, *op. cit.*
2. TPIY, Chambre de première instance, 22 février 2001, Le Procureur c. Dragoljub Kunarac, Radomir Kovac et Zoran Vukovic, Jugement, Affaire n° IT-96-23-T & IT-96-23/1-T.

en conclut que l'emploi de la force n'est plus en soi un élément constitutif du viol.

En 2001, dans le cadre de l'affaire Akayesu, le Tpir a élargi la notion de viol à celle d'agression sexuelle, « dont le viol est une manifestation » possible et qui « est considérée comme tout acte de nature sexuelle commis sur la personne sous l'empire de la contrainte ». Cet élargissement a pour but de faire entrer dans le champ de la répression de nombreuses situations, notamment celles comprenant une absence de contact physique. Au regard de la jurisprudence des deux tribunaux pénaux internationaux, le viol est constitué même en l'absence de l'emploi de la force. Par ailleurs, il faut remarquer que cette définition est non genrée, elle s'adresse aux victimes sans distinction de sexe et d'âge. De plus, il y a ici une présomption de non-consentement de la victime, ce qui signifie que la charge de la preuve n'incombe pas à la victime. Cette définition, uniquement fondée sur le consentement de la victime, sera reprise par le Tssl [1] et le Tpir [2]. En effet, cette première définition est adaptée à un environnement d'hostilités, car même si l'emploi de la force ou la menace de son emploi sont récurrents, ce n'est pas le seul outil utilisé par les auteurs de ces actes. De fait, très souvent, les victimes notamment les mères peuvent se dévouer à avoir un rapport sexuel avec un combattant qui était sur le point de violer leur enfant. Le Tpiy a fait évoluer la notion de contrainte en affirmant qu'elle peut émaner du comportement, physique ou verbal de l'agresseur ou de « la conjoncture exceptionnelle », comme un conflit armé qui implique inévitablement le non-consentement de la victime. Par ailleurs, il y a une contrainte dès lors que la victime a des raisons de craindre l'exécution des menaces [3].

---

1. TSSL, 20 juin 2007, Chambre de deuxième instance, Le Procureur c. Tamba Brima, Ibrahim Bazzy Kamara, Santigie Borbor Kanu, Jugement, affaire CSL-04-16-T-613.
2. TPIR, Chambre de première instance,18 décembre 2008, Le Procureur c. Bagosora et al., Affaire n° ICTR-98-41-T.
3. TPIY, 10 décembre 1998, Le Procureur c. Anto Furundzija, *op. cit.*

Le Tpir et le Tpiy ont permis de véritablement réprimer le viol en période de conflit armé, mais surtout de considérer le viol comme un crime de droit international et comme un acte de terreur, un traitement inhumain, un acte de torture. Cette évolution est le résultat d'une prise de conscience du recours systématique aux violences sexuelles sur les territoires ex-yougoslaves et rwandais [1]. Toutefois, il s'agit de tribunaux *ad hoc*, c'est-à-dire temporaires et compétents uniquement pour les faits commis dans le cadre des conflits rwandais et ex-yougoslave. Il était impératif et urgent d'intégrer un texte juridique de portée générale et surtout de créer une juridiction permanente compétente pour réprimer les auteurs de ces violences sexuelles lors de conflits. La distinction établie entre les violences sexuelles et les autres formes de violence est bénéfique car elle permet de prohiber de manière plus explicite ces comportements.

C) L'incrimination du viol renforcée par l'Organisation des Nations Unies

Cette jurisprudence a été un véritable tremplin à la création d'instruments protecteurs de l'Onu. En effet, la création du Statut de Rome répond d'une certaine manière à cet impératif. Le Statut de Rome est donc le premier texte international à reconnaître le viol comme crime de droit international durant les conflits. Jusqu'en 1998, au plan international, il n'y avait pas de texte incriminant explicitement le viol et condamnant cet acte. La création du Statut de Rome a contribué à l'amélioration de l'encadrement juridique du viol. Le statut de Rome est adopté en 1998 par 123 États parties et il crée la première juridiction internationale permanente. Ce statut de Rome est complété par le texte appelé « Les éléments des crimes » qui est un document permettant d'établir les définitions des crimes. En 1998, le statut de Rome a créé la Cpi qui entrera en vigueur en 2002, il s'agit de la première juridiction pénale internationale permanente. Cette juridiction est régie par le principe de

1. C. Fourcans, La répression par les juridictions pénales internationales des violences sexuelles commises pendant les conflits armés, Archives de politique criminelle, 2012/1 (n° 34), p. 157.

complémentarité, c'est-à-dire qu'elle statue sur des faits uniquement si les juridictions internes ne sont pas en capacité de le faire ou si elles n'en ont pas l'intention. Elle est compétente pour les crimes de guerre, les crimes contre l'humanité, les crimes d'agression et les crimes de génocides, commis après 2002 et seulement si un État membre du statut de Rome est concerné. En vertu du Statut de Rome, le viol peut constituer un crime contre l'humanité s'il est commis dans le cadre d'une attaque généralisée ou systématique lancée intentionnellement contre toute population civile et en connaissance de cette attaque [1]. Il y a une particularité ici, c'est que l'intention est renforcée, car l'auteur doit avoir la volonté et la conscience que le viol s'inscrit dans le cadre d'une attaque générale et systématique. Le viol sera également retenu à l'article 8 comme constitutif d'un crime de guerre s'il est commis en temps de guerre. En d'autres termes, à chaque fois qu'il y a un recours à la force armée contre un État ou entre groupes armés [2].

Le droit de l'Onu est le premier à établir une définition claire et précise du viol dans le document intitulé « Les Eléments des crimes » et à réprimer cet acte au sein du Statut de Rome. Les rédacteurs du Statut de Rome se sont fondés sur les définitions apportées par le Tpiy et le Tpir ainsi que par les travaux des organisations non-gouvernementales (Ong) de défense des droits des femmes. Le viol, ou de manière générale, les violences sexuelles, constituent une catégorie indépendante de l'attentat à la pudeur, de l'atteinte à l'honneur comme ce fut le cas dans les conventions de Genève. Les violences sexuelles sont également une catégorie indépendante de celle sur la torture et les traitements inhumains à la différence des conventions sur les Didh Les éléments des crimes aident la Cpi à interpréter et appliquer les articles 6, 7, 8 et 8 bis. Selon cet acte, le viol est la pénétration d'une partie du corps de la victime ou de l'auteur par un organe sexuel, ou de l'anus ou du vagin de la victime par un objet ou toute partie du corps. Mais le viol est retenu également lorsque « par l'usage de la force ou

---

1. Statut de Rome , article 7.
2. TPIY, Chambre d'appel, 2 octobre 1995, Le Procureur c. Tadić, *op. cit.*

de la menace de la force ou de la coercition, telle que celle causée par la menace de violences, contrainte, détention, pressions psychologiques, abus de pouvoir, ou bien à la faveur d'un environnement coercitif, ou encore en profitant de l'incapacité de ladite personne de donner son libre consentement ». Cette définition est fortement inspirée de celle fondée par le Tpiy en 1998 dans l'affaire Kunarac. Le viol dans le droit international n'est plus réduit à un crime contre l'« honneur » ou la « dignité » d'une femme. Il est plutôt perçu comme une violation fondamentale du droit à l'intégrité corporelle et à l'autonomie sexuelle.

Aucune distinction de sexe n'est faite ; en d'autres termes, la définition n'est pas sexospécifique. Il n'y a également aucune distinction d'ethnie ou d'âge. Ensuite, il a été décidé que l'usage de la force ou la menace de celle-ci ne soient pas les seuls éléments permettant de caractériser le viol. En effet, tout comme le Tpiy, les rédacteurs ont voulu englober les situations dans lesquelles la contrainte peut être morale. La définition va plus loin en admettant que l'absence de consentement peut également être envisagée dans le cas où la victime « souffrirait d'une incapacité innée, acquise ou liée à l'âge ». Par ailleurs, la mention de la pénétration d'un objet relevant du viol est importante dans de telles circonstances, puisque très souvent, les victimes subissent la pénétration d'armes de guerre, de morceaux de bois, d'armes tranchantes, dans la bouche, leur vagin ou leur anus. L'emploi du terme « environnement coercitif » est un choix important, les rédacteurs n'ont pas donné une énumération de ce qui pouvait entrer dans le champ de la coercition. Cela permet de ne pas restreindre le champ de répression et d'englober toutes les sortes de situations ayant un caractère coercitif. De plus, les rédacteurs reconnaissent que la conception normale d'un rapport sexuel librement consenti ne peut pas s'appliquer en raison de l'environnement coercitif et de la peur de la victime de subir des représailles. Nonobstant, cette définition semble être incomplète, le Code pénal français reconnaît le viol comme étant « tout acte de pénétration sexuelle, de quelque nature qu'il soit, ou tout acte bucco-génital commis sur la personne d'autrui ou sur la personne de l'auteur ».

Or, selon l'Onu, il s'agit d'une « pénétration, même superficielle, d'une partie du corps de la victime ou de l'auteur par un organe sexuel, ou de l'anus ou du vagin de la victime par un objet ou toute partie du corps ». Cette définition exclut l'acte bucco-génital puisqu'en effet, il n'est pas question de pénétration, pourtant cet acte constitue un viol au sens du droit pénal français. Cet ajout, à savoir toute stimulation du sexe féminin par la bouche ou la langue dans le champ d'incrimination du viol, est nécessaire puisqu'il est également une atteinte à l'intégrité physique de la victime ainsi qu'à son autonomie sexuelle. Une définition très mécanique comme celle proposée par le texte est nécessaire, mais le risque réside dans l'omission de certains actes à caractère sexuel.

Dans un rapport datant de 1998 [1], l'Onu a rappelé l'absence de définition du viol dans le Dih, donc pour définir le viol, les travaux ont été influencés par les législations nationales, d'exemples tirés de la jurisprudence des juridictions internes, des définitions proposées par le procureur auprès du Tpir et Tpiy ainsi que des définitions adoptées par diverses Ong internationales de défense des droits de l'homme. Le viol est donc selon ce rapport « l'introduction, par la force, la contrainte ou la violence, d'un objet quelconque, y compris mais pas exclusivement un pénis, dans le vagin ou l'anus de la victime ou l'introduction, par la force, la contrainte ou la violence, d'un pénis dans la bouche de la victime » [2]. La définition ne fait aucune distinction quant au sexe de la victime. Bien que le présent rapport conserve le mot « pénétration » dans la définition du viol, il va sans dire que la focalisation sur la pénétration découle essentiellement des préoccupations masculines concernant la chasteté des femmes et l'attribution de la paternité. Toutefois, le rapport précise que « systématique » a été employé afin de viser certaines formes de viol. C'est une définition similaire qui sera retenue pour les Éléments des crimes du statut de Rome.

---

1. ONU., Conseil Economique et Social, G.mcdougall, Rapport final sur le viol systématique, l'esclavage sexuel et les pratiques analogues à l'esclavage en période de conflit armé, *op. cit.*
2. *Ibid.*

Afin de garantir une meilleure protection aux victimes de viol, l'Onu conçoit qu'il est essentiel d'apporter un cadre préventif adapté aux victimes qui sont majoritairement des femmes et jeunes filles. Il est donc nécessaire d'établir une stratégie qui vise à incorporer les préoccupations et les expériences des femmes pour lutter contre les violences subies au cours de conflits armés. En effet, si en temps de paix les femmes sont les premières victimes de violence, il en va de soi qu'en temps de guerre, elles sont les premières visées par ces violences. La Commission des droits de l'Homme des Nations Unies a créé en 1994 le poste de rapporteur spécial dont la principale mission est de travailler sur la question de la violence contre les femmes. Ensuite, en 1995, un autre rapporteur spécial a pour mission de travailler sur la question du viol systématique, de l'esclavage sexuel et des pratiques analogues à l'esclavage en temps de guerre. Enfin, en 2010, la commission Ddh crée un bureau du représentant spécial du Secrétaire général des Nations Unies sur la violence sexuelle dans les conflits. L'Onu a adopté près d'une dizaine de résolutions concernant le viol et les conflits [1]. Les résolutions « femmes, paix et sécurité » du Csnu occupent une place à part dans cet ensemble juridique. La résolution 1325 de l'an 2000 est la première qui a été établie à ce sujet et elle rappelle l'obligation de respecter le droit international applicable à la protection des droits des femmes et des petites filles. Pour la première fois, le Conseil de Sécurité reconnaît que le viol commis lors de conflit armé est une notion qui doit entrer dans le champ de compétence des institutions de l'Onu. Cette résolution mentionne l'importance des sources de Dih et de Didh malgré leur faible protection et leur absence de définition du viol. Cette résolution démontre sa volonté de protéger les femmes et les jeunes filles, toutefois, elle reste vague sur l'incrimination et la

1. Rés. S/Rés/798, CSNU, 1992 ; Rés. S/Rés/820, CSNU, 1993 ; Rés. A/Rés/49/205, AGNU., 1994 ; Rés. A/Rés/48/143, AGNU., 1993 ; Rés. E/CN.4/1993/L.3, Commissariat aux droits de l'homme, 1993 ; Rés.S/Rés/917, CSNU, 1994 ; Rés. S/Rés/1076, CSNU, 1996 ; Rés.S/Rés/1325, 31.10.2000 ; Rés. S/Rés/1820, 19.06.2008 ; Rés. S/Rés/1882, 04.08.2009 ; Rés. S/Rés/1888, 30.09.2009 ; Rés. S/RES/1889, 05.10.2009 ; Rés. S/Rés/1960, 16.12.2010 ; Rés. S/Rés/2106, 24.06.2013.

définition. Par ailleurs, les résolutions rendues par le Csnu n'ont aucune valeur juridique et ne sont donc pas contraignantes. En 2013, 37 pays ont adopté un plan d'action pour la mise en œuvre de cette résolution, dont 17 pays de l'OTAN.

Dans une résolution de 2008 [1], le Csnu oblige les États, sous peine de sanctions, à prendre des mesures pour cesser ces violences sexuelles. Dans cette même résolution, le Csnu affirme qu' « utilisée ou commanditée comme arme de guerre, prenant délibérément pour cible des civils [...], la violence sexuelle peut exacerber considérablement tout conflit et faire obstacle au rétablissement de la paix et de la sécurité internationale ». C'est la première fois, que le Csnu reconnaît explicitement le viol comme arme de guerre [2], il a constaté que le viol en temps de guerre était une problématique alarmante nécessitant des efforts particuliers. La reconnaissance juridique du viol en temps de guerre était nécessaire au regard de son usage systématique et massif dans les nouveaux conflits armés. En effet, ces nouveaux combattants ont pour objectif d'anéantir le ou les camps adverses et de soumettre la population en faisant régner la terreur.

Si le viol est constamment utilisé, c'est en raison de l'impunité des auteurs de viol se sentant « intouchables ». Par exemple, 111 États ne criminalisent pas le viol conjugal au motif de l'appropriation corporelle des épouses. Ensuite, le viol est perpétuellement pensé comme arme ou méthode de guerre, c'est en raison de la violence basée sur le genre ancrée dans la société. Pourquoi l'usage du terme « genre » plutôt que du terme « sexe » ? Le genre se rapporte à la construction sociale faite entre l'homme et la femme alors que le sexe repose uniquement sur une distinction biologique comme chez l'espèce animale. Toutes les autres activités attribuées aux femmes ou aux hommes ne sont que de simples constructions sociales et culturelles. Le viol en temps de guerre vise essentiellement les femmes en raison du statut des femmes dans la société et de leur traitement en tant que personnes vulnérables. La violence

---

1. Rés. S/Rés/1820, 19 juin 2008.
2. Rés. S/Rés/2122, 18 octobre 2013.

basée sur le genre peut être définie comme l'ensemble d'actes nuisibles dirigés contre un groupe d'individus en raison de son identité de genre. Les actes nuisibles sont ceux qui infligent « des tourments ou des souffrances de nature physique, mentale ou sexuelle, la menace de tels actes, les contraintes et autres privations de liberté » [1] . En l'espèce, le viol est un acte nuisible dirigé majoritairement contre les femmes en raison de ce qu'elles peuvent représenter, mais aussi en raison de leur « vulnérabilité ». Lorsque le viol est commis en temps de conflits, il n'est que la continuité de ce qu'il se produit en temps de paix. Les rapports sociaux entre les sexes reposent sur l'ensemble des représentations et des pratiques culturelles qui influent sur les rapports de pouvoir. La conséquence de ces rapports sociaux entre les sexes peut conduire le groupe minoritaire, en l'espèce les femmes, à endurer certaines violences [2]. Jusqu'à présent, certains pays occidentaux et africains sont conduits par l'institution du mariage et la procréation en raison de l'impact judéo-chrétien. Les relations sexuelles sont un sujet tabou au sein de la société tout comme la virginité de la femme qui est très sacralisée, une femme ne devrait connaître sexuellement qu'un seul homme : celui qu'elle épousera. Par conséquent, le viol, en plus d'être une atteinte à l'intégrité physique, est aussi un acte de souillure envers la femme et envers sa famille, son groupe ethnique.

Le viol est un acte destructeur, car il a des répercussions durables et néfastes sur la vie des victimes, mais surtout sur le fonctionnement du groupe ethnique. La construction et la préservation de l'identité ethnique d'une population reposent essentiellement sur la transmission. La transmission s'opère à travers la reproduction humaine et l'éducation, le rôle de la femme consisterait à éduquer les enfants, or, la transmission de la culture se fait par l'éducation. Par conséquent, une femme détruite par le viol est une mère qui échouerait dans l'éducation

1. Comité Convention sur l'élimination de toutes les formes de discrimination à l'égard des femmes, recommandation générale n°19, 1992.
2. L. Parini, Le système de genre, Introduction aux concepts et théories, Zürich, Editions Seismo, 2006, p. 31.

de ses enfants et dans la transmission de cette culture, alors que les enfants représentent l'avenir de toute une société.

Par conséquent, le viol est un procédé efficace pour atteindre ces objectifs. Il était donc primordial que le droit international accorde une protection adaptée aux civils.

2

Un usage récurrent du viol nécessitant un intérêt particulier

Le viol est devenu récurrent, notamment sur les territoires dans lesquels les droits de l'homme sont constamment bafoués. Le viol en période de conflit a toujours existé, cet acte inévitable a longtemps été perçu comme un « mal nécessaire » [1]. Les victimes n'étaient considérées que comme des dommages collatéraux du conflit. Le viol était alors toléré au motif que cet acte n'était qu'une normalité guerrière [2]. Pourtant, en temps de guerre, le nombre de victimes est si élevé qu'il nécessite une véritable prise de conscience. Le nombre de viols augmente considérablement, car son usage est devenu systématique durant les conflits armés (**2.1**).

Le viol est un outil puissant pour les assaillants. D'une part, il effraie les populations qui prennent la fuite à l'annonce de leur arrivée, ce qui permet une conquête rapide de l'espace. D'autre part, le viol déstructure les sociétés traditionnelles, car la victime est souvent rejetée par son entourage et par la société. Le viol est alors qualifié d'arme de guerre, cette expression a été utilisée pour la première fois lors de la guerre de la Bosnie-Herzégovine pour qualifier l'utilisation du viol dans la stratégie de purification ethnique. Dès lors, le viol est devenu un nouvel outil de déstabilisation du camp adverse. Afin de comprendre l'efficacité de cet acte ainsi que sa causalité, la situation conflictuelle actuelle de la Rdc, illustre parfaitement

---

1. D. Salas et al, Victimes de guerre en quête de justice. Faire entendre leur voix et les pérenniser dans l'histoire, Paris, L'Harmattan, 2004, p. 105.
2. A. Ouandaogo, La protection des civils contre les violences sexuelles en période de conflit armé en Afrique [en ligne], Thèse : Droit, Université de Rouen Normandie p487 [Consulté le 07/05/2023], disponible à l'adresse https://theses.hal.science/tel-01514223/document .

l'enracinement de ce nouvel aspect du viol dans les conflits actuels (**2.2**).

2.1. L'usage systématique du viol durant les conflits armés

À l'origine, le viol est un acte uniquement charnel pour l'auteur, conscient de l'absence de consentement de la victime (**A**). Cet usage du viol à une époque accordant peu d'importance au consentement ne heurtait pas la société et encore moins la communauté internationale. L'encadrement du viol est devenu une préoccupation majeure du droit international lorsque son usage a eu pour unique but de dominer le camp adverse (**B**). Puis, le viol est devenu un outil pour terroriser la population civile, or, en vertu des conventions de Genève, les combattants ne peuvent attaquer la population civile. La communauté internationale ne pouvait donc pas continuer à nier l'usage constant et excessif du viol pendant les conflits armés constituant souvent des crimes de droit international (**C**).

A) La possession du corps pour le plaisir sexuel des soldats

Si le Dih ne s'était pas intéressé aux viols commis par des combattants, c'est parce que pendant longtemps le viol ne résultait que de la volonté de posséder le corps des femmes pour le plaisir sexuel des groupes armés. L'acte était alors perçu comme un dommage collatéral. Effectivement, le corps des femmes est souvent réifié et appartenant à l'homme. Le corps des femmes des vaincus était considéré comme une partie légitime du butin de guerre ou comme une alliance entre les deux camps. Dans le cas du butin de guerre, le viol était mis au même rang que le pillage par les vainqueurs. Pourtant, le butin ne concerne que les biens du camp adverse, or, le corps de l'être humain ne peut être considéré comme un bien. Mais le viol est perçu par les soldats comme un geste de virilité.

Par ailleurs, le corps des femmes étant constamment sexualisé et chosifié dans la société, il était utilisé pour stimuler les soldats et leur donner du courage [1]. Effectivement, la promesse de rapports sexuels avec une femme pour des soldats, loin de chez eux, est un moyen de les motiver et de les récompenser pour les efforts fournis. Le viol était alors perçu au même rang que la nourriture, si la nourriture est un moyen de donner des forces nécessaires aux soldats, les relations sexuelles même non-consenties sont jugées utiles au moral des soldats. Ici, le viol était un stimulant, un encouragement. Les femmes étaient essentielles au « repos du guerrier » [2]. Très souvent, dans ce type de situation, les incriminations d'esclavage sexuel et de prostitution forcée s'appliquent. Ces viols sont souvent organisés par les chefs militaires afin de discipliner les hommes. Le cas « des femmes de réconfort » réduisant des femmes en esclaves sexuelles par l'armée impériale japonaise illustre parfaitement ce type de viol. En effet, au cours de la Seconde Guerre mondiale, l'armée japonaise a instauré ce système afin de discipliner les soldats à la suite du massacre de Nankin de 1937-1938 causant entre 20 000 à 80 000 femmes et enfants victimes de viols. Les troupes japonaises ont commis le viol d'environ 80 000 à 200 000 femmes et petites filles originaires de Corée, de Chine, de Taïwan, des Philippines et d'Indonésie. Bien que prohibé par le Dih, ce système fut élaboré, autorisé et contrôlé par l'État japonais. Les « femmes de réconfort » étaient considérées comme constituant un des rouages de l'organisation de l'armée. Les viols étaient dissimulés derrière la prétendue prostitution volontaire des femmes motivée par l'argent alors qu'elles ne percevaient rien. Brownmiller a affirmé que « les femmes de réconfort ne seraient que l'une des particularités universelles de la guerre en général, mais pas un crime de guerre commis par le Japon » [3]. De manière générale, le viol, était un symbole de virilité

1. F. De Vittoria, *De indis et de jure, belle relectiones*, 1696.
2. K. Guenivet, Femmes, les nouveaux champs de bataille, Quasimodo, n° 9 (« Corps en guerre. Imaginaires, idéologies, destructions. Tome 2 »), printemps 2006, Montpellier, p. 197-213.
3. A. Bae, De la responsabilité historique des États : le cas des femmes de réconfort, Nouvelles Questions Féministes,2017/2, (Vol.36), p. 100-113 https://www.cairn.info/revue-nouvelles-questions-feministes-2017-2 page100.htm .

permettant de souder les troupes, c'était perçu comme étant un témoignage de solidarité renforçant l'appartenance du soldat au groupe armé. Cette atteinte est surtout un symbole de virilité, en ce qu'elle démontre la capacité de dominer la femme par désir de dominer.

Pendant longtemps, le viol était justifié voire excusé par les circonstances de la guerre amenant les soldats à adopter une certaine animosité. Le corps d'une femme était une récompense, mais également « une sorte de denrée aussi nécessaire que la limonade ou les glaces, pour que nos garçons conservent santé et joie de vivre » [1]. Certains vont même jusqu'à justifier le viol par la pauvreté des soldats et par la pénibilité de leurs conditions de vie, un chef militaire justifie le viol tel qui suit : « le soldat qui n'a pas d'argent, ne passera pas par la voie normale pour obtenir ce qu'il veut. Il ne peut ni manger, ni boire, n'a rien à donner à une femme, il la prendra par la force. Physiquement, les hommes auraient des besoins. Ils ne peuvent rester longtemps sans être avec une femme » [2]. Ce type de viols est alors inopiné et détaché d'une volonté d'humilier. En temps de conflits, les situations d'anomie se multiplient, Durkheim considère que c'est ce qui se produit lorsque les règles et les normes sociales font défaut. L'anomie est la traduction grecque d'*anomia* qui désigne l'absence de loi, plus généralement, cette notion renvoi à absence d'organisation au sein de la société et surtout à une disparition des valeurs communes. L'anomie et les troubles aux institutions sont des facteurs qui facilitent les viols et renforcent le sentiment d'impunité. C'est dans ce contexte, lors de la libération de la France que les troupes américaines ont commis de nombreux viols à l'encontre des femmes. Les soldats américains violaient la nuit et très souvent en groupe, ils étaient parfois ivres. Les victimes étaient violées dans leur maison, dans des véhicules militaires, dans des granges, des champs ou sur le bord de routes. 68 viols ordinaires, concernant

---

1. S. Brownmiller, Le viol, Montréal : Nouvelles éditions de poche, 1980, 528 p.
2. S. Autesserre, The Trouble with the Congo : Local Violence and the Failure of International Peacebuilding, New York, Cambridge University Press, 2010 : p. 213-218.

75 victimes, ont été jugés par l'armée américaine entre le 14 juin 1944 et le 19 juin 1945. Ces viols, commis dans un contexte de guerre démontrent que, de manière générale, en période de conflit, les normes sociales cessent temporairement d'exister [1]. Selon Durkheim, la transgression des normes sociales est liée à leur affaiblissement.

B) La possession du corps pour dominer

Peu à peu, le viol est devenu un instrument de vengeance et d'humiliation pour le camp ennemi, pour les vaincus. À la différence du « viol butin » ou du « viol stimulant », ce type de viol est une démonstration de puissance durant la période de conflit, une démonstration incitant à rendre les armes. C'est un message fort pour les hommes du camp adverse, le viol des femmes d'une communauté démontre l'émasculation des hommes, à savoir leur incapacité de protéger les femmes. Encore aujourd'hui la sexualité de la femme est un sujet tabou et est envisagée uniquement dans le cadre du mariage. Le viol est alors une véritable dégradation pour ces hommes : « occuper le territoire de son ennemi, jusqu'au ventre de leurs femmes » [2]. En effet, le fait pour un homme de savoir que sa femme, sa sœur, sa mère ou sa fille a été violée est une grande humiliation. C'est peut-être en suivant ce même raisonnement que les Conventions de Genève ont décidé de qualifier le viol d'atteinte à l'honneur. Le corps des femmes est, dans cette perception, une fois de plus réifié, mais cette fois-ci, c'est symbolique car le corps de la femme est qualifié de chaste et pudique. Le viol est une souillure à la dignité de la femme et à son honneur. Or, les femmes sont les mères de la nation puisqu'elles portent la descendance. Par conséquent, si l'honneur des femmes a été souillé, c'est toute une nation qui est souillée. Peu importe l'intention cachée derrière le viol, qu'il soit utilisé pour récompenser, motiver, humilier, le corps de la femme est un

---

1. J. Lilly et F.Le Roy, l'armée américaine et les viols en France. Juin 1944-mai 1945, Vingtième Siècle. Revue d'histoire, vol. n° 75, n°3, 2002, pp. 109-121.
2. K. Guenivet, Violences sexuelles, la nouvelle arme de guerre, Paris, Michalon, 2001, p. 59, 63, et 80.

véritable trophée de la guerre. La femme est dépossédée de son corps qui devient un véritable champ de bataille, le viol est d'une telle atrocité que les dommages physiques et moraux sont effroyables. En effet, les soldats procèdent au viol en groupe ou avec l'usage d'objet qui détruisent l'appareil génital : machette, mitraillette, morceaux de bois, barre de fer, marteau.

Les hommes ne sont pas prémunis du viol, bien qu'ils soient une minorité, ils subissent également le viol et ses conséquences. D'ailleurs, le Statut de Rome protège aussi bien les femmes que les hommes, les termes choisis dans la définition ne sont pas discriminatoires. En 2013, le Csnu a reconnu pour la première fois que la violence sexuelle en période de conflit peut aussi concerner les hommes et les garçons [1]. Depuis 2011 en Libye, les hommes sont la cible d'une politique de viols de masse. C'est une arme stratégique car efficace pour engendrer la destruction de l'identité masculine. Pour la société libyenne, un homme violé est "souillé" et méprisé. À travers le viol d'un homme, il y a une volonté de l'humilier car « l'homme violé perd sa masculinité pour être rabattu du côté de la sexualité passive, toujours plus infamante que l'autre dans une culture de la virilité » [2]. Le viol des hommes est une manière d'affirmer la domination en déshonorant la victime en la réduisant à un « sous-homme ». En effet, la communauté internationale a compris que le viol était devenu un instrument de domination des populations civiles. Le viol des hommes, comme il a été démontré, est aussi une réalité incontestable. Toutefois, la communauté internationale est assez silencieuse concernant le viol ciblant des personnes transgenres ou homosexuelles. Il est essentiel de créer un cadre juridique pour elles. Le conflit syrien a démontré l'existence de victimes de viol des hommes gays et bisexuels, des femmes transgenres et des personnes non-binaires. Ces victimes n'osent pas dénoncer les faits en raison de la stigmatisation mais également du sentiment d'humiliation. Par conséquent, elles n'ont pas

1. CSNU., Rés/2106 du 26 juin 2013.
2. V. Nahoum-Grappe, La culture contemporaine du viol. Mise en scène, signe de domination, arme en temps de guerre , Communications, vol. 104, n°1, 2019, pp. 161-177.

accès à des soins médicaux ou des services de santé mentale en Syrie. De plus, en Syrie ces personnes sont déshumanisées et subissent des discriminations, le personnel de santé n'étant pas formé ne les prend pas correctement en charge.

Le viol est un système qui est pensé et organisé. Il est devenu un acte permettant de torturer et d'asservir le camp ennemi. Ces actes peuvent être qualifiés de sadiques, puisque si auparavant les soldats violaient pour leur plaisir sexuel, désormais le but serait de tirer du plaisir de la souffrance des victimes. Les combattants ont souhaité dépasser le palier de l'humiliation. Ils ont compris que le viol était un outil efficace pour dominer le camp adverse. Le rapport sexuel devient un outil de torture « faire l'amour, ce comble du rêve amoureux, est mué en son contraire, à savoir faire la haine » [1]. Le viol est un moyen de démontrer physiquement la haine et le mépris jusqu'au plus profond de l'intimité corporelle et subjective de la victime. Le viol est un acte de barbarie particulier puisqu'il n'a pas pour unique intention la destruction physique de la victime. Effectivement, cet acte atteint également son identité sociale et morale. Si le viol n'a pas pour but de tuer la victime, il met fin à son identité et à sa valeur puisque l'auteur souille, entache la victime.

Auparavant, les conflits armés n'impactaient physiquement que les combattants puisque l'objectif était de déstabiliser et de soumettre le camp adverse. Désormais, il semble que l'objectif principal soit de déstabiliser les civils afin de vaincre et de dominer. À leurs yeux, la pénétration sexuelle est une preuve symbolique d'une domination politique. À ce propos, Susan Brownmiller dit du viol « qu'il n'est rien de plus qu'un processus conscient d'intimidation par lequel tous les hommes maintiennent toutes les femmes dans la peur » [2]. Le viol n'est plus une récompense ou un outil réconfortant pour les soldats, il est dorénavant utilisé car il est l'un des meilleurs moyens pour atteindre et l'affaiblir le camp ennemi. L'anthropologue Véronique Nahoum-Grappe a souligné que les femmes violées

---

1. *Ibid.*
2. S. Brownmiller, Against Our Will : Men, Women and Rape, New York, Simon and Schuster, 1975, p. 15.

du Kosovo demandaient régulièrement « Pourquoi ne nous tuent-ils pas ? » [1]. En effet, l'usage constant du viol lors des conflits armés interroge : pourquoi accorder la vie à une personne dont l'identité a été tuée ? Ce choix est réfléchi, puisque le message du viol s'adresse aux hommes, qui portent désormais les stigmates psychologiques et sociaux provoqués par le viol. S'ils n'ont pas été atteints physiquement, le viol est également une atteinte à leurs valeurs, au fonctionnement de leur groupe car ils doivent vivre avec des femmes brisées, mutilées et parfois inféconds. D'ailleurs, après les viols, ces femmes sont souvent qualifiées d'« impures », il faut également vivre avec les enfants du viol, « le laid visage de la guerre » [2]. Le viol fait perdre la guerre morale aux hommes. Afin de paralyser l'effort de résistance, les miliciens vont s'attaquer en premier aux femmes, par conséquent, les hommes de la communauté tentent de cacher les femmes et jeunes filles et n'ont pas de temps pour les combattre.

C) La reconnaissance du viol comme véritable acte sous-jacent aux grands crimes

L'usage destructeur et systématique du viol a conduit à le qualifier d'acte de torture, mais surtout à le reconnaître comme un véritable acte sous-jacent aux grands crimes du Statut de Rome. La communauté internationale a admis que le viol était devenu un réel enjeu au sein des conflits permettant d'atteindre la déstabilisation de l'ennemi voire sa destruction. Le viol est devenu une arme de guerre ou une méthode de guerre, puisqu'il résulte d'une véritable stratégie militaire, le viol est donc constitutif de crime de guerre. Au sens du Statut de Rome, la guerre est caractérisée chaque fois qu'il y a un recours à la force armée entre États ou groupes armés organisés [3]. Cependant, il y a un certain seuil d'intensité à démontrer afin de ne pas assimiler un trouble interne à un conflit armé. L'élément matériel du crime de guerre pour un Cai nécessite la violation

1. V. Nahoum-Grappe, Audition devant le Sénat, 5 décembre 2015.
2. S. Audoin-Rouzeau, L'Enfant de l'ennemi 1914-1918, Paris, Aubier Collection historique, 1995, 222 p.
3. TPIY., Chambre d'appel, 2 octobre 1995, Le Procureur c. Tadić, *op. cit.*

des conventions de Genève et du droit de la guerre, pour un Cani, il faudra démontrer la violation de l'article 3 communs aux conventions de Genève ainsi qu'une violation grave. Il faut démontrer la preuve d'un lien entre les viols et le contexte conflictuel, la guerre doit avoir joué un rôle substantiel dans la décision de commettre le crime ou dans la capacité de l'exécuter [1]. En effet, le viol est désormais perçu par la communauté internationale comme étant un outil considéré d'utile aux combattants, il permet d'atteindre l'objectif recherché : contraindre l'adversaire à fuir ou à se soumettre. Il a la même efficacité qu'une arme conventionnelle sauf qu'il n'a aucun coût financier. Le viol a une véritable place dans la stratégie militaire, il n'est pas une coïncidence. L'utilisation de la force armée durant le conflit n'est pas l'unique méthode, les assaillants ont parfois recours à divers procédés afin d'amener l'adversaire à se soumettre, ces procédés nécessitent une stratégie. La stratégie est donc la politique de la guerre. Selon la définition clausewitzienne, la stratégie est la combinaison de tous les combats individuels en vue d'atteindre l'objectif de l'opération ou de la guerre. La stratégie est donc l'organisation dans son ensemble de la puissance militaire, autrement dit, il s'agit du plan général à long terme alors que la tactique est son application immédiate [2] par des méthodes spécifiques immédiate et locale. La tactique doit être définie comme l'art d'employer les armes dans le combat. Vous l'aurez compris, la stratégie est «l'art de faire concourir la force pour atteindre des objectifs politiques » [3]. Le viol est considéré comme une stratégie car il est utilisé pour terroriser et humilier des populations. Toutefois, il arrive que le recours au viol ne soit pas véritablement inclus dans la stratégie, car il serait en réalité une tactique admise provenant parfois des chefs des groupes armés.

Le viol doit être qualifié d'arme de guerre ou de méthode de guerre dès lors qu'il est planifié par une autorité politico-

---

1. TPIR, Chambre d'appel, septembre 2011, Le Procureur c. Setako.
2. H. Rosinski, La structure de la stratégie militaire, Stratégique, 2009, p. 17-50.
3. H. Pierre, Viols et stratégie, Inflexions, 2018, p. 73-79.

militaire ou par les officiers et utilisé de manière stratégique par une des parties d'un conflit pour affaiblir, détruire, soumettre, expulser l'adversaire. En pratique, les viols sont commis en masse avec un certain degré de violence et ils sont très souvent effectués de manière collective. À l'approche d'un conflit armé, les femmes, qui sont les plus sujettes aux viols, vont tenter de fuir en abandonnant leur foyer, leur travail car pour elles, le conflit est synonyme de viol massif. Le viol produit de la crainte, de la terreur, il est donc caractérisé comme étant un acte inévitable. De manière générale, les combattants ciblent les femmes de toute tranche d'âge ; nourrisson, enfant, adolescente, jeune femme, vieille femme et n'importe quel statut ; veuve, célibataire, femme mariée, en concubinage, femme enceinte, femme ayant un handicap. Ces hommes profitent de leur statut de combattant et de l'environnement coercitif du conflit afin d'effrayer et de contraindre les victimes. Le Csnu a relevé que le viol, et plus globalement la violence sexuelle, étaient utilisés notamment pour humilier, dominer, intimider, disperser ou réinstaller de force les civils [1]. Le viol est une méthode de guerre qui avantage toujours les soldats puisqu'elle produit les effets escomptés : la crainte, la fuite, la soumission, la destruction des civils et du groupe. Cette méthode est alors récompensée par les chefs du groupe armé, elle fait même l'objet de propagande pour encourager les combattants à procéder aux viols. Il arrive que cet acte soit même ordonné par les supérieurs hiérarchiques sous peine de mort.

Dans certaines situations conflictuelles, il n'y a pas de confrontations entre plusieurs groupes armés mais le viol répond à une attaque généralisée ou systématique dirigée contre une population civile, par conséquent, il est constitutif de crime contre l'humanité. Il a été vu précédemment que le viol pouvait être constitutif de crime contre l'humanité. En effet, les statuts des deux tribunaux internationaux *ad hoc* du XXème siècle ont affirmé que le viol constituait un crime contre l'humanité [2], cela

1. CSNU., Rés/9364 du 19 juin 2008.
2. Statut de TPIY, article 5 g; Statut du TPIR, article 3.

ayant été reconnu par le Tpiy en 2001 [1]. Cette assimilation a été confirmée, par le Tssl en 2009 [2] et par la Cpi en 2016 qui avait condamné Jean-Pierre Bemba en sa qualité d'ordonnateur pour viol en tant que crime de guerre et crimes contre l'humanité, avant de l'acquitter de ces charges en 2018 [3]. Dans cette décision phare, la Cpi reconnaît le viol comme un crime au statut pénal renforcé, mais elle reconnaît surtout le viol comme étant une véritable stratégie de guerre, un véritable outil de pensée de la guerre.

Par ailleurs, l'article 7-1-9g-1.g [4] exige, que l'auteur ait pris possession du corps d'une personne de telle manière qu'il y a eu pénétration, même superficielle, d'une partie du corps de la victime ou de l'auteur par un organe sexuel, ou de l'anus ou du vagin de la victime par un objet ou toute partie du corps. Ce même article oblige que l'acte ait été commis par la force ou en usant à l'encontre de ladite ou desdites ou de tierces personnes de la menace de la force ou de la coercition, telle que celle causée par la menace de violences, contrainte, détention, pressions psychologiques, abus de pouvoir, ou bien à la faveur d'un environnement coercitif, ou encore en profitant de l'incapacité de ladite personne de donner son libre consentement. Toutefois, à la différence du crime de guerre, le crime contre l'humanité n'exige pas un conflit armé. L'élément moral du viol, constitutif de crime contre l'humanité, réside dans l'intention de procéder à la pénétration sexuelle sachant que la victime n'a pas consenti [5] et que le viol s'inscrit dans une attaque généralisée ou systématique dirigée contre une population civile. Il faut alors démontrer que le viol n'est pas un acte isolé. En 2001, le viol constitutif de crime contre l'humanité a été retenu à l'égard de Dragoljub Kunarac,

1. TPIY, 22 février 2001, Chambre de première instance, Le Procureur c. Dragoljub Kunarac, Radomir Kovac et Zoran Vukovic, *op. cit.*
2. TSSL, 25 février 2009, Chambre de première instance, Le Procureur c. Sesay, Kallon et Gbao, SCSL-04-15-T.
3. CPI , 8 juin 2018, Le Procureur c. Jean-Pierre Bemba Gombo, ICC-01/05-01/08.
4. Statut de Rome, Les Éléments des crimes, article 7-1-9g-1.
5. TPIR, Chambre de Première Instance III, Jugement et Sentence, 15 mai 2003, Le Procureur contre Laurent Semanza, Affaire n° ICTR-97-20-T.

Radomir Kovac et Zoran Vukovic [1]. Durant le conflit de la Bosnie-Herzégovine du 7 avril 1992 à janvier 1994, le viol était une politique effectuée par les soldats serbes de Bosnie de manière systématique et générale contre des femmes serbes musulmanes et des croates dans des centres de détention et dans des établissements aménagés pour l'esclavage sexuel et le viol. Ce conflit a fait 12 000 à 50 000 victimes de viols. En 1993, la Communauté européenne, dans son rapport de 1993 soutient que les viols commis par les soldats n'étaient pas un effet secondaire du conflit, mais qu'ils participaient à une politique systématique de nettoyage ethnique. En effet, les viols avaient été commis « avec une intention consciente de démoraliser et de terroriser les communautés, de les chasser de leurs régions d'origine et de démontrer la puissance des forces d'invasion » [2]. Concernant Kunarac, il a de nombreuses fois amené des femmes hors des centres de détention pour les violer ou pour qu'elles soient violées par d'autres soldats. Il a participé à cette politique en encourageant des soldats à violer des femmes. Lors de sa déposition, une victime affirme que le groupe de soldats qui l'avait agressée dans la maison d'Aladza était sous les ordres de Kunarac. Ce jugement du 22 février 2001 est le premier à avoir retenu le viol comme un crime contre l'humanité. Le viol est devenu une nouvelle forme de cruauté.

Le cas du Rwanda a démontré que le viol pouvait participer à l'extermination des femmes tutsies, le viol peut alors être un instrument génocidaire. Guenivet révèle que le viol détruit la culture et que par leur poids culturel, les femmes en sont donc les principales cibles [3]. Le Comité international de la Croix-Rouge préfère employer l'expression de « méthode de guerre » plutôt que d'« arme de guerre », cette qualification ayant plus de sens. En effet, l'objectif d'une arme étant d'infliger une blessure ou de tuer, le viol est parfois utilisé pour détruire l'identité du groupe ethnique en procédant à des grossesses

---

1. TPIY, Chambre de première instance, 22 février 2001, Le Procureur c. Dragoljub Kunarac, Radomir Kovac et Zoran Vukovic, *op. cit.*
2. Rapport de la mission d'observation de la Communauté européenne sur le traitement des femmes musulmanes dans l'ex-Yougoslavie, janvier 1993.
3. K. Guenivet, Femmes, les nouveaux champs de bataille, Quasimodo, n° 9, Corps en guerre. Imaginaires, idéologies, destructions, *op. cit.*, p. 203.

forcées. Le génocide est une forme de négation de l'existence de groupes humains en raison d'une appartenance, de même que l'homicide est le refus du droit à l'existence de la victime. Le génocide est perçu comme étant le « crime des crimes », il repose sur l'existence d'un projet politique criminel. Les actes doivent avoir été commis avec l'intention de détruire tout ou partie d'un groupe national, ethnique, religieux ou racial en recourant par exemple aux meurtres de membres du groupe ou en employant des mesures visant à entraver les naissances au sein du groupe [1]. Il est évident que le viol a dépassé cette dimension de récompense pour être considéré comme acte constitutif de génocide. En effet, le Tpir avait admis, pour la première fois, en 1998 que le viol pouvait être considéré comme un acte de génocide lorsqu'il est commis dans l'intention de détruire, en tout ou en partie, un groupe national, ethnique , racial ou religieux [2]. À travers cette décision, le Tpir a donc confirmé que le viol avait contribué au génocide rwandais [3]. Dans sa résolution du 25 mai 1993, le Csnu a reconnu que sur le territoire de l'ex-Yougoslavie et spécialement dans la République de Bosnie-Herzégovine, se déroulaient des viols massifs, organisés et systématiques à l'égard des femmes. Ces viols s'inscrivent dans la poursuite de la pratique du « nettoyage ethnique », notamment pour acquérir et conserver un territoire [4]. En effet, le viol peut être une arme causant la mort des suites des blessures comme l'est une grenade : en 1994, à la suite du génocide rwandais au cours duquel 500 000 femmes au moins ont été violées en seulement 100 jours, le taux de mortalité était en hausse en raison des contaminations volontaires du virus de l'immunodéficience humaine (Vih) pouvant atteindre la phase du syndrome d'immunodéficience acquise (Sida) La transmission volontaire du Vih est un sujet épineux puisque lors du viol, l'agent a connaissance de sa séropositivité donc il est conscient de transmettre la substance mortifère qu'est le Vih.

1. Convention pour la prévention et la répression du crime de génocide du 9 décembre 1948, article 2.
2. TPIR, 2 septembre 1998, *Le Procureur c. Jean-Paul Akayesu*, *op. cit.*
3. *Ibid.*
4. CSNU., Rés/827 du 25 mai 1993.

Bien qu'il y ait eu un renversement de jurisprudence en droit pénal français retenant uniquement la qualification d'administration de substance nuisible pour la transmission volontaire du Vih, la qualification juridique d'empoisonnement pourrait être retenue dans le cas de génocide. En effet, l'empoisonnement nécessite une intention d'administrer à autrui une substance de nature à donner la mort mais également une intention de donner la mort. Or, les auteurs ont conscience du caractère mortifère de la substance et ils ont la volonté de la transmettre à la victime. Au-delà du risque de mort, le fait de transmettre une substance mortifère par le viol participe à la destruction des membres du groupe : contaminer les femmes permet de contaminer leurs conjoints ainsi que les enfants à travers la grossesse. Bien évidemment, ce raisonnement ne concerne que les combattants ayant conscience d'être porteurs de ce virus. En effet, les agresseurs ne sont pas tous conscients d'être porteurs du Vih.

L'affaire Akayesu a permis de valoriser les témoignages de victimes violées ou de témoins de viols dans le réquisitoire du procureur. Jean- Paul Akayesu ordonnait les viols et il a forcé une jeune fille tutsi à marcher nue devant le bureau communal, avant de l'assassiner. Les viols commis répondaient à la campagne de « détutsification » [1] des Hutus, le viol était devenu la règle et le non-viol, l'exception [2]. La particularité de ce conflit est que les atrocités comme le viol des tutsies n'était pas exclusivement commis par des soldats, bien au contraire, l'État et les médias encourageaient les hutus, homme et femme, à procéder de la sorte envers les tutsis de leur entourage.

Bien que le viol ait toujours existé pendant les périodes de conflit, l'émergence des nouveaux conflits non-internationaux démontre que ces nouveaux groupes armés utilisent davantage le viol pour détruire. L'usage du viol est enraciné dans les conflits actuels en raison de multiples facteurs.

---

1. K. Guenivet, Violences sexuelles, la nouvelle arme de guerre, *op. cit.*
2. ONU, Conseil Économique et Social, Rapport sur la situation des droits de l'homme au Rwanda, soumis par R. Degni-Segui, *op. cit.*, paragraphes 25 et 27.

2.2. L'enracinement de ce nouvel aspect du viol dans les conflits actuels : étude de cas sur le Nord- Kivu

Cette étude portera majoritairement sur le cas de la Rdc qui est malheureusement décrite comme étant la capitale mondiale du viol. Le viol utilisé comme une arme de guerre ou comme une méthode de guerre n'est pas exclusif de la situation de la Rdc. Néanmoins, le pays illustre bien l'enracinement du viol et ses conséquences sur la population. Le choix de ce conflit armé s'explique par l'environnement socioculturel qui rend le recours au viol inévitable (**A**). Jusqu'à présent, environ 200 000 femmes congolaises ont été victimes de viol et le nombre ne cesse de s'accroître. Ce chiffre est loin de représenter la réalité car il ne compte que les femmes qui se sont signalées aux organisations humanitaires. Cette situation dure depuis plus de 25 ans et démontre également les lacunes du droit congolais (**B**).

A) L'environnement socioculturel rendant le recours au viol inéluctable

Afin de comprendre l'usage du viol en Rdc, il faut s'intéresser à trois facteurs essentiels de l'enracinement de cette pratique : le contexte historique, le profil criminologique des auteurs et l'impact de la culture congolaise. Tout d'abord, il est essentiel de poser le contexte historique étroitement lié au génocide rwandais. La Rdc est le deuxième pays le plus vaste du continent africain, et est subdivisée en 26 provinces. Le pays étant frontalier du Rwanda, de nombreux rwandais, ont en 1994, fui leur pays d'origine pour se réfugier à l'Est du Congo dans les régions du Nord-Kivu et du Sud-Kivu. Parmi ces réfugiés se trouvaient des miliciens rwandais responsables d'actes de génocide. Ces derniers ont déstabilisé la région du Kivu en pillant et en violant la population de l'Est. Par ailleurs, la Rdc possède de nombreuses richesses notamment des gisements de minerais. Cette richesse est aussi l'une des explications sur l'origine du conflit puisque le pays compte une vingtaine de factions armées qui s'affrontent pour le contrôle de celles-ci. En 1996, le Rwanda désirait attaquer plus facilement les hutus génocidaires réfugiés en Rdc et par la même occasion profiter des richesses minières de la Rdc, et il a préparé la déstabilisation de la Rdc en fomentant une guerre à son encontre. Cette guerre devait passer pour une guerre de libération menée par un congolais. Le choix est porté sur Laurent-Désiré Kabila, rebelle au régime du Président Mobutu Sese Seko. Laurent-Désiré Kabila est soutenu par des groupes armés rwandais et ougandais afin de mener une rébellion de l'AFDL. En 1998, Laurent- Désiré Kabila se retourne contre ses alliés rwandais, ce qui mène à des combats sans fin dans les régions de l'Est. Lorsque Laurent- Désiré Kabila est assassiné, Joseph Kabila prend sa succession et la situation s'aggrave. Plusieurs groupes armés sont formés, soutenus et/ou initiés par le Rwanda.

En 2004, la Cpi ouvre sa première enquête portant sur la situation du pays. Durant ces conflits, les femmes ont été et demeurent les premières victimes des violences notamment sexuelles. De 2002 à 2003, le docteur Mvula Mansuka révèle une moyenne de 100 femmes violées par jour dans la province du Sud-Kivu. En 2010, l'envoyée spéciale de l'Onu « pour les violences faites aux femmes et aux enfants » avait reporté que 1000 femmes par jour étaient victimes de viol. Certains groupes armés utilisent le viol comme une arme de guerre, les femmes étant systématiquement violées. Le représentant du groupe armé du CNDP a affirmé « En humiliant les femmes et les mamans, nous nous sommes vus très puissants. C'est ce qui fait que le gouvernement a dû négocier ». Le viol permet de gagner la guerre sans même combattre contre les soldats ennemis puisque cet acte paralyse toute une communauté. Aujourd'hui, les conflits armés internationaux sont rares, la plupart des conflits mondiaux sont plutôt des Cani La caractéristique de ce type de conflit est que les acteurs ignorent les lois et coutumes de la guerre et, très souvent, leurs attaques ciblent volontairement les civils pour les faire fuir, pour déstabiliser l'État et briser l'élan de résistance. Au Congo, il a été établi un lien entre l'emplacement des mines, les activités des groupes armés, l'exploitation des ressources minérales et les violences sexuelles. Les viols se sont intensifiés durant la période électorale de 2006 et en 2008 avec l'apparition de nouveaux groupes armés notamment les FLDR, les Interahamwe et les Raïa Mutomboki [1].

Les circonstances dans lesquelles les viols sont commis constituent des traitements inhumains et dégradants, mais également des actes de torture. La pénétration vaginale est souvent faite avec un fusil, un couteau, un bout de bois pointu, du verre, des clous rouillés, des pierres, du sable ou des piments enfoncés. Il arrive même parfois que l'auteur tire dans le vagin de la victime avec une arme à feu. Il y a une flagrante volonté de détruire l'intégrité physique de ces femmes, mais également leur intégrité psychologique. En effet, certains combattants obligent les femmes à avoir des rapports sexuels avec les hommes de leur famille : une fille avec son père, une mère avec son fils, une sœur avec son frère. Dans ces circonstances, le viol n'est plus un dommage collatéral des conflits, il devient l'arme principale. Toutefois, à la différence du génocide rwandais, le viol n'est pas une méthode de guerre afin de nuire particulièrement à un groupe, il est une arme pour asseoir l'autorité des milices et dominer. Les milices se disputent le contrôle de minéraux précieux, l'objectif final du viol est donc que les populations locales fuient et se sentent impuissantes. Ce procédé fonctionne, car ce sont des villages entiers qui se vident, et il confirme que le viol a la même efficacité qu'une arme conventionnelle.

Si la Rdc est qualifiée comme étant la capitale mondiale du viol, c'est parce que les civils subissent l'usage de cette arme depuis plus de 25 ans. Une telle longévité démontre que le viol est l'arme par excellence pour les milices. Le viol est également utilisé pour punir les civils qui auraient soutenu un camp adverse. Afin de terroriser la population et de leur ôter toute envie de militantisme, les viols étaient commis en public. Les enfants sont également des victimes majeures des viols au Congo, les mineurs de 10 ans étant des cibles faciles pour les miliciens. Il est important d'aborder le mythe autour de la guérison du Vih par rapport sexuel avec une vierge. En effet, selon une croyance archaïque, les hommes atteints du Vih

1. Traduction du swahili : citoyens en colère

peuvent être guéris grâce à la virginité d'une personne, notamment celle des enfants qui représentent la pureté. Par conséquent, les miliciens violent délibérément les enfants, pour eux, ils peuvent à la fois terroriser et se guérir du Vih.

Selon un rapport du Bureau conjoint des Nations Unies pour les droits de l'homme, du 1er avril 2019 au 30 avril 2022, il y a eu 761 victimes (566 femmes, 191 enfants et 4 hommes) de violences sexuelles assimilées à des actes de torture et autres peines ou traitements cruels, inhumains ou dégradants, sur toute l'étendue de la Rdc [1]. Le viol est devenu banalisé au Congo et le témoignage suivant le démontre : « Voilà les femmes violées ! [...] un tel arrivage relève de la routine, malheureusement pour nous » [2].

Face aux nombreux viols commis par les groupes armés, il faut s'intéresser à l'étude du phénomène criminel dans son ensemble. En effet, il a été constaté la violation récurrente des droits, mais il est essentiel de s'attarder sur le profil criminologique des auteurs pour comprendre la réaction sociale et répressive. Le profil criminologique des auteurs de ces viols est très souvent banalisé, le but ici n'étant pas de justifier les actes, mais de les comprendre pour pouvoir mieux les appréhender. Parmi les auteurs de ces viols se trouvent des enfants-soldats enrôlés par les groupes armés, certains groupes étant composés à 40 % d'enfants-soldats. Ils sont enlevés à leur famille ou sont sortis de la rue. Ils sont drogués de force avec des psychotropes ou à défaut des drogues plus classiques, ou encore de la poudre extraite des balles. Ces drogues sont utilisées afin de les rendre inconscients du danger, de la gravité des violences et de les contraindre plus facilement à commettre des viols. Dans ces circonstances, ces enfants-soldats n'ont donc plus de discernement lors de la commission des viols. De manière plus générale, certains membres des groupes armés au

1. Haut-commissaire des Nations Unies, Rapport sur la torture et autres peines ou traitements cruels, inhumains ou dégradants en République démocratique du Congo du 1er avril 2019 au 30 avril 2022.
2. L. Guinamard, Survivantes : Femmes violées dans la guerre en République démocratique du Congo, Les éditions de l'atelier, Paris, 2010, p. 11.

Congo, notamment entre 1998 et 2006, provenaient du Rwanda, il s'agit de personnes qui se sont habituées à la violence lors du génocide, voire, qui ont grandi dans ce contexte. Robert Merton, du mouvement fonctionnaliste, s'intéresse au fonctionnement de la société afin de comprendre la déviance. Il considère qu'à l'extrême le décalage entre les buts sociaux et les moyens institutionnels peuvent conduire les hommes à ne plus respecter les normes. Ils distinguent ceux qui recourent à l'évasion car ils ont perdu de vue les buts sociaux et ne respectent pas les moyens institutionnels, et les rebelles qui eux rejettent les buts et les moyens pour créer de nouveaux buts et de nouveaux moyens. Durkheim quant à lui observe une tendance à la désintégration sociale, autrement dit lorsque l'ensemble des règles communes tend à disparaître il est question d'anomie. En raison de cette anomie, les individus ne trouvent plus de limites par rapport aux actes qu'ils commettent et ne trouvent plus de règles auxquelles se conformer. En l'espèce, les chefs des groupes armés rejettent les moyens institutionnels, c'est-à-dire, les outils qui vont leur permettre d'atteindre leurs buts sociaux, s'ils en ont, en respectant les normes. En utilisant le viol pour atteindre leurs buts, il y a une volonté de leur part d'enfreindre les normes juridiques. Par ailleurs, Edwin Sutherland soutient que la délinquance est le résultat d'une transmission culturelle. Le comportement criminel est appris au contact d'autres individus et cela à travers un processus de communication, en fonction de quatre critères dont la fréquence et la durée de l'exposition à un modèle délinquant. Or, en Rdc, le viol est presque perçu comme « culturel » [1], les jeunes soldats subissent une initiation sexuelle forcée, ils sont drogués et stimulés au Viagra pour les entraîner à pratiquer la sexualité de manière sauvage [2]. La délinquance sexuelle est apprise, mais elle est surtout banalisée auprès des soldats. Par conséquent, cette banalisation du viol en période de conflit s'étend sur l'ensemble du territoire et les auteurs ne sont plus uniquement des soldats. En effet, le Docteur Margaret

1. L. Guinamard, Survivantes : Femmes violées dans la guerre en République démocratique du Congo, *Eod. loc.*
2. L. Guinamard, Survivantes : Femmes violées dans la guerre en République démocratique du Congo, *Eod.* loc.

Agama constate que : « […] maintenant, la violence sexuelle est malheureusement non seulement commise par des factions armées, mais aussi par des gens ordinaires qui occupent des postes d'autorité, des voisins, des amis et des membres de la famille ». Les auteurs de viol sont conscients que dans la culture congolaise, la sexualité et la virginité sont des sujets tabous. Ils savent également que la femme subira un rejet de son entourage et de la société au motif que sa valeur et son honneur se limitent à sa virginité. En s'attaquant à ces éléments symboliques, ils détruisent une société entière. L'impact des mœurs congolaises alimente la destruction de la société.

L'impact des mœurs congolaises favorise implicitement le viol. Nous entendons par mœurs l'ensemble des valeurs morales, des usages sociaux, des conduites acceptées ainsi que des normes culturelles. Dans la culture congolaise, encore fortement marquée par le christianisme, le viol est un crime de souillure car il porte atteinte aux fondements même de la morale. Le fait de tuer les civils entraînerait leur résistance alors que le viol permet de les paralyser, car il détruit le caractère sacré des coutumes. Le viol est un réel tabou au sein de la société congolaise, car la victime est considérée comme déshonorée. Le viol est tabou car la sexualité l'est, mais il faut se demander pourquoi est-ce le cas ? Les rapports sexuels sont une activité inhérente à la nature de l'homme, similaire à celle observée chez les animaux. La sexualité est donc perçue comme une chose primitive voire bestiale, or, les sociétés ont toujours valorisé l'autocontrôle de l'être humain, permettant alors de maintenir l'ordre social en réduisant les comportements bestiaux. Par ailleurs, la sexualité touche à un aspect très personnel de l'identité d'une personne et des émotions humaines rendant alors ce sujet inconfortable. En effet, la sexualité a une capacité à créer une connexion émotionnelle intense entre les personnes qui est parfois qualifiée de spirituelle par la religion notamment le christianisme.

Les auteurs connaissent alors les répercussions néfastes du viol, et ce sont justement ces répercussions que recherchent les groupes armés. Ils connaissent la culture congolaise, et savent que le viol est mal perçu pour la victime, c'est donc ce mobile qui les animera. Par conséquent, si la culture congolaise rendait moins tabou le viol et qu'elle abandonnait cette idée d'honneur à travers la virginité de la femme, la société congolaise cesserait de rejeter et de stigmatiser les victimes de viol. Toutefois, les femmes sont perçues par la société comme étant plus vulnérables que les hommes. C'est pour cette raison que le viol des hommes est un sujet dérangeant, pourtant, il est récurrent en Rdc. Le viol des hommes renvoie inévitablement aux rapports homosexuels. Or, dans la culture congolaise, c'est un phénomène très mal perçu en raison des stigmatisations de l'homosexualité qui sont contraires à l'image de l'homme africain qui doit être fort et viril, mais aussi en raison du poids du christianisme qui condamne l'homosexualité comme étant un péché. La pression sociale qui repose sur l'homme explique le faible taux de victimes de viols déclarés, seulement 22 % des hommes reconnaissant avoir été victimes de violences sexuelles liées au contexte de conflit entre 1994 et 2010. L'environnement socioculturel démontre l'enracinement de cet usage perpétuel du viol. De plus, le droit congolais a de nombreuses lacunes, ce qui explique la faible répression des auteurs, mais également l'absence de prévention. Ce n'est que récemment que le droit congolais a adapté sa législation à la situation conflictuelle.

B) Les lacunes du Droit congolais

L'un des facteurs favorisant les violences sexuelles à l'encontre des femmes en période de conflit se trouve dans le droit congolais. L'encadrement juridique du droit congolais est insuffisant et ne protège pas efficacement les victimes. En effet, le droit est particulièrement discriminatoire à l'égard des femmes, mais il a également, longtemps minimisé voire banalisé ce type de violence. Par conséquent, les victimes de viol n'étaient pas bien protégées.

Initialement, dans le Code de justice militaire congolais, le viol ne figurait pas comme étant une violation du droit de la guerre [1]. Ce n'est qu'avec l'adoption de la loi du 18 novembre

1. Loi n° 72/060 du 25 septembre 1972 portant Code de justice militaire.

2002 portant Code pénal militaire [1] que le viol apparaîtra en son article 169, paragraphe 7 qui dispose que « le viol, l'esclavage sexuel, la prostitution forcée, la grossesse forcée, la stérilisation forcée et tout autre acte de violence sexuelle de comparable gravité sont considérés comme des crimes contre l'humanité passibles de la peine de mort ». Concernant le droit commun, tout d'abord, l'article 170 du Code pénal selon la version du décret du 30 juin 1940 disposait comme suit : « est puni de servitude pénale de 5 à 20 ans celui qui aura commis un viol, soit à l'aide de violences ou menaces graves, soit par ruse, soit en abusant d'une personne qui, par l'effet d'une maladie, par l'altération de ses facultés ou par toute autre cause accidentelle, aurait perdu l'usage de ses sens ou en aurait été privé par quelques artifices ». La doctrine congolaise a apporté des précisions quant à la définition de cette notion en affirmant que le viol était la conjonction sexuelle que l'homme pouvait imposer à la femme par la violence. En d'autres termes, c'était l'acte par lequel un homme a des relations sexuelles avec une femme contre son gré, et il fallait, soit que le défaut de consentement résulte de la violence physique ou morale, soit qu'il résulte de tout autre moyen de contrainte ou de surprise [2]. Cette conception du viol n'appréhendait que la pénétration du sexe masculin dans le vagin de la victime, qui ne pouvait qu'être une femme. La définition du viol était très restrictive : absence de pénétration d'objet, absence de pénétration dans l'anus excluant alors les rapports homosexuels, absence d'acte bucco-génital, absence de pénétration dans la bouche. Par conséquent, les autres actes de nature sexuelle relevaient de l'attentat à la pudeur. Cette loi ne permettait pas de reconnaître les nombreux viols, car très souvent la pénétration, à l'encontre des femmes, était effectuée soit dans le vagin avec des objets voire des animaux, soit dans l'anus ou dans la bouche, il arrivait également que la pénétration soit réalisée sur un homme. En raison de ces inadéquations, du contexte conflictuel mais également de l'influence du droit international, le législateur

1. Loi n° 24/2002 du 18 novembre 2002 portant Code pénal militaire.
2. L. Bolongo, Droit pénal spécial zaïrois, Tome 1, 2ème édition, Librairie générale de droit et de jurisprudence, Paris, 1985, p. 328.

congolais a dû réviser l'article 170 du Code pénal. Inspirée notamment par la définition des Eléments des crimes du Statut de Rome, la loi du 20 juillet 2006 [1] modifie et complète le décret du 30 janvier 1940. La loi élargit le champ d'incrimination du viol. Dans cette nouvelle définition, le législateur énumère les actes de nature sexuelle qui entrent dans le champ de répression du viol sans émettre de distinction de sexe à l'égard de la victime et de l'auteur. L'absence de consentement n'est plus l'élément essentiel de cette définition, le législateur a axé la répression sur l'usage de violence ou de vices permettant d'altérer le consentement de la victime. Ensuite, cette loi du 20 juillet 2006 instaure une obligation pour le magistrat de recourir à un médecin et à un psychologue, pour « apprécier l'état de la victime des violences sexuelles et déterminer les soins appropriés ainsi que d'évaluer l'importance du préjudice subi par celle-ci et son aggravation ultérieure ». L'État est contraint d'adapter le domaine législatif à la situation afin de réprimer au mieux et de garantir la protection des victimes ainsi que leurs droits. Néanmoins, en pratique, cette obligation n'est pas souvent respectée en raison de la pénurie de professionnels de santé.

Le 31 décembre 2015, l'État met en vigueur le Statut de Rome dans sa législation nationale. Cette mise en vigueur permet une application directe des définitions contenues dans les Éléments des crimes au système congolais, mais également d'instaurer l'imprescriptibilité des crimes de droit international. Toutefois, la question s'est posée de savoir si le principe de la non-rétroactivité des lois pénales était applicable, mais il semble que les lois de 2015 n'ont qu'une valeur déclarative donc sont immédiatement applicables. Par ailleurs, le Code militaire sera modifié, les juridictions de droit commun étant désormais compétentes pour juger les auteurs de crimes internationaux. Afin de réprimer au mieux, tous les acteurs du conflit, la responsabilité pénale des supérieurs hiérarchiques et des chefs militaires est établie par le Statut de Rome. Le droit national ne facilitait pas le recours effectif des victimes puisque

1. Loi n°06/018 du 20 juillet 2006 modifiant et complétant le décret du 30 janvier 1940 portant Code pénal congolais.

ce n'est que très récemment avec une loi de 2016 que les femmes ont eu le droit de déposer plainte sans l'autorisation préalable de leur mari [1]. Le viol étant un sujet tabou, certaines victimes dissimulaient les violences sexuelles subies à leur entourage, car cet acte est perçu comme une honte pour la victime. À la fin de l'année 2022, est apparue l'idée de fixer les principes relatifs à la protection et à la réparation des victimes des violences sexuelles liées aux conflits et des victimes d'autres crimes contre la paix et la sécurité de l'humanité, ce projet de loi a été adopté en décembre 2022.

Finalement, la protection juridique des victimes de viol a été assez tardive, le législateur n'a pas su être réactif. Il s'est écoulé presque dix ans avant que l'État congolais ne décide de s'intéresser à l'encadrement juridique du viol et à la condition de la femme. Par ailleurs, il faut souligner l'importance et l'influence du droit international dans les nombreuses modifications et initiatives législatives de l'État. En effet, le 11 avril 2002, la Rdc a ratifié le Statut de Rome de la Cpi qui a force exécutoire dans l'ordre juridique national. Toutefois, les violences ont été commises depuis 1996 en Rdc, et le statut de Rome n'était pas encore en vigueur, mais il existait déjà des conventions permettant de réprimer les viols commis au Congo. En 1982, la Rdc a ratifié la Charte africaine des droits de l'homme et des peuples (Cadhp). Son article 4 garantit le droit au respect de la vie, à l'intégrité physique et morale ainsi que l'inviolabilité de la personne humaine. L'article 5 prohibe quant à lui, la torture physique ou morale, et les peines ou les traitements cruels inhumains ou dégradants. L'Afrique est un continent enclin aux affrontements, les femmes en sont donc les premières victimes et l'article 18 vise particulièrement à les protéger. En effet, il demande aux États d'éliminer toutes discriminations à l'encontre des femmes et d'assurer la protection de leurs droits. Nonobstant les dispositions ne garantissent qu'implicitement le viol et ne sont donc pas suffisantes. En 1986, la Rdc a ratifié la Convention sur l'élimination de toutes les formes de discrimination à l'égard

1. Loi n° 16/008 du 15 juillet 2016 modifiant et complétant la loi n°87-010 du 1er août 1987 portant Code de la famille.

des femmes qui a recommandé aux États dont la Rdc d'adopter des mesures juridiques efficaces visant à protéger les femmes contre tous les types de violence. Mais ce n'est seulement qu'en 2018 que la Rdc a ratifié le protocole de Maputo [1] qui protège de manière plus explicite les femmes dans les conflits armés, car il exige le respect du Dih et il requiert que le viol perpétré dans le cadre d'un conflit armé soit considéré comme un crime de guerre, un crime de génocide ou un crime contre l'humanité. S'agissant de la protection des enfants, l'article 27 de la Charte africaine des droits et du bien-être vise à renforcer les mesures concrètes et nécessaires à la protection des enfants. Cependant, la Rdc n'a ratifié cette charte que trente ans après son adoption, soit en 2020. Cette ratification tardive démontre le manque de volonté de l'État pour garantir au mieux les droits de personnes vulnérables, en l'espèce les enfants.

L'État congolais a été très peu réactif aux affrontements se déroulant sur le territoire national, et s'est montré presque insensible à la situation des civils. Ces conflits ont renforcé les discriminations à l'égard des femmes, le silence du législateur a presque été bénéfique pour les milices. De plus, la population ne peut bénéficier de la protection et de l'aide des autorités locales qui sont impuissantes face aux nombreuses milices. Bien que le droit congolais ait adopté une législation adéquate, celle-ci a été mise en place assez tardivement, ce qui explique la permanente impunité des auteurs de viol. L'intervention du droit international est essentielle notamment face à des États qui n'ont pas la capacité, ou la volonté, d'adapter leur législation pour permettre un meilleur encadrement juridique. Dès lors, c'est dans ce contexte que la communauté internationale trouve son intérêt dans la lutte contre le viol, en intervenant dans la répression des auteurs, mais également dans la réparation des victimes.

1. Charte africaine des droits de l'homme et des peuples relatif aux droits de la femme.

3

La lutte contre l'impunité des auteurs de viol

La responsabilité provient du latin « *respondere* » qui signifie « garantir quelque chose », « répondre de », cette notion renvoie à l'obligation qu'a une personne de répondre de ses actes, de les assumer et d'en supporter les conséquences du fait de sa charge, de sa position. Au plan juridique, cette définition renvoie à la responsabilité civile qui implique que la personne ayant causé un dommage ou un préjudice doit le réparer. En matière pénale, la responsabilité a une finalité punitive. Ricoeur définit cette responsabilité pénale comme étant l'obligation de supporter le châtiment [1]. En effet, c'est l'obligation faite à une personne, reconnue coupable devant les juridictions compétentes, de supporter la peine prévue par la loi correspondant à une infraction. La finalité primaire de cette responsabilité est la fonction rétributive de la sanction prononcée. En droit pénal, le principe de personnalité des peines domine, donc la responsabilité pénale pour autrui n'existe pas en droit français [2]. En droit international, la règle 102 dispose que « Nul ne peut être puni pour une infraction si ce n'est sur la base d'une responsabilité pénale individuelle ». La IVème convention de Genève retient également ce principe et reconnaît qu'« aucune personne protégée ne peut être punie pour une infraction qu'elle n'a pas commise personnellement » [3]. Ainsi, pour engager la responsabilité pénale des auteurs de viol, faut-il d'abord définir s'ils ont été commis dans un contexte de conflit armé.

Les Tpir et Tpiy sont les précurseurs de la répression du viol en droit international. Toutefois, ces deux tribunaux étant

---

1. P. Ricoeur, Éthique et responsabilité, textes réunis par J.-Ch. Aeschlimann Neuchâtel, la Baconnière, Coll. : Langages, 1994.
2. C. Pén., art 121-1, Codifié par Loi 92-683 1992-07-22 « Nul n'est responsable que de son propre fait ».
3. Convention de Genève (IV), 1949, art. 33, al. 1.

temporaires et territorialement limités, il a fallu établir une juridiction internationale et permanente pour assurer cette répression. Par conséquent, il était essentiel, voire urgent, de créer la Cpi Dès sa création, Luis Moreno Ocampo, procureur de la Cpi, avait affirmé sa volonté de réprimer les viols. À travers la création de la Cpi, il y avait l'espoir de mettre fin à l'impunité des auteurs de viol en se substituant aux juridictions nationales. L'intervention de la justice pénale internationale permettait de répondre à l'objectif de lutte contre l'impunité des auteurs (**3.1**). La lutte contre l'impunité ne doit pas uniquement reposer sur cette juridiction puisque depuis sa création, elle a présenté des lacunes faisant obstacle à la répression du viol, par conséquent son intervention s'est trouvée limitée (**3.2**).

3.1. La nécessaire intervention de la justice pénale internationale

Avant l'apparition de la Cpi , il y a eu le Tpiy et le Tpir déjà abordés dans cet ouvrage, mais il y a aussi eu la création du Tribunal spécial pour la Sierra Leone (Tssl). Le Tssl a été créé le 14 août 2000 par la résolution 1315 du Csnu, pour juger les faits commis durant la guerre civile de mars 1991 à janvier 2002. Le Tssl a condamné les viols commis par les troupes de l'Armed Forces Revolutionary Council, en tant que crime contre l'humanité. Le 26 avril 2012, l'ancien Président du Libéria, Charles Taylor a été condamné en qualité de complice pour avoir aidé et encouragé les viols et l'esclavage sexuel de filles et de femmes commis lors du conflit par les membres du Armed Forces Revolutionary Council et du Revolutionary United Front. Cette décision est une réelle avancée pour la répression des violences sexuelles puisque pour la première fois, un ancien chef d'État est condamné par la justice pénale internationale à une lourde peine d'emprisonnement pour des faits qui incluent des actes de violence sexuelle.

Les juridictions nationales des États en conflit jugent rarement les auteurs de violences sexuelles. Dès lors, lorsque cette impunité relève d'une incapacité de l'État, elle résulte souvent de la carence des lois encadrant insuffisamment les violences sexuelles, mais elle peut aussi résulter d'un dysfonctionnement total de leur système judiciaire. En effet, les groupes armés s'attaquent à ce système judiciaire pour le déstabiliser et empêcher les poursuites pénales. Le mouvement de lutte contre l'impunité est alors le résultat de l'absence de volonté politique ou de capacité de certains États (**A**). L'entrée en vigueur de la Cpi le 1er juillet 2002, a permis de répondre à ces difficultés. Effectivement, la compétence de la juridiction est complémentaire. Par conséquent, elle n'intervient qu'à défaut des juridictions nationales. La création de la Cpi a suscité l'espoir d'une meilleure répression (**B**).

A) L'absence d'une intervention adéquate de l'État

Afin de démontrer la défaillance de certains États, l'étude se portera sur la situation de la Rdc, pour poursuivre le cheminement mais aussi parce que la situation de la Rdc est la première enquête ouverte par la Cpi.

La situation conflictuelle en Rdc perdure depuis 25 ans, mais jusqu'à présent, l'État n'a pas été en capacité ou n'a pas eu la volonté d'intervenir. L'affaire Bweremana-Minova illustre très bien l'impunité des auteurs de viol en Rdc. En effet, en novembre 2012, des unités des Forces armées de la Rdc ont commis des exécutions arbitraires, des viols et des pillages. Les viols ont été commis sur environ 130 femmes et jeunes filles. Le 5 mai 2014, la cour militaire opérationnelle a rendu sa décision, et parmi les 39 individus accusés, uniquement 16 ont été déclarés coupables, dont seulement 2 pour viols [1]. L'incapacité trouverait son origine dans la désorganisation structurelle de l'État congolais, causée en grande partie par la corruption. Pourtant, avant l'apparition de la Cpi , l'ordonnance du 25 septembre 1972 portant ancien Code de justice militaire octroie une compétence exclusive aux cours et tribunaux militaires pour juger les crimes de droit international commis par des soldats ou civils. Cependant, l'impunité demeurait et les victimes ont rencontré de nombreux obstacles, certains ont

1. Feuilles d'audiences, affaires n° RP 003/13 et n° RMP 0372/BBM/013, produites par le Greffe de la Cour militaire opérationnelle (« Transcriptions d'audiences de Minova »), archives de Human Rights Watch.

même dénoncé le « manque de volonté évident à poursuivre les fonctionnaires et hauts cadres de commandement soupçonnés d'avoir commis des violences sexuelles » [1], ainsi que le difficile accès à la justice pour les victimes. Les juridictions militaires avaient de nombreux obstacles : par exemple, les militaires congolais ne pouvaient être jugés que par des pairs ayant un grade égal ou supérieur au leur, mais il y avait peu voire aucun général parmi les juges militaires. Par conséquent, l'impunité demeurait pour les gradés les plus hauts placés. L'autre obstacle est l'intervention excessive du pouvoir exécutif, qui nuit aux poursuites de ces militaires en les protégeant. En effet, il n'est pas rare que ces personnes procèdent soit à de la corruption, soit à des menaces à l'encontre des victimes mais également des professionnels.

Si la loi du 18 novembre 2002 a ratifié le statut de Rome portant sur la création de la Cpi [2], il faut rappeler que la Cpi n'est que complémentaire. La difficulté de cette ratification fut les définitions différentes entre le Statut de Rome et le Code pénal militaire congolais. Par exemple, le Code pénal militaire définit les crimes de guerre comme étant « toutes les violations des lois survenant pendant la guerre, et non justifiées par les lois ou coutumes de guerre. Lorsqu'ils sont commis dans le cadre d'une attaque généralisée ou systématique contre la population civile ou le pays, le viol, l'esclavage sexuel, la prostitution forcée, la grossesse forcée, la stérilisation forcée et autres formes de violence sexuelle sont définis comme étant des crimes contre l'humanité [3] ». Ces différences contreviennent à la sécurité juridique.

Le législateur décide de partager la compétence des crimes internationaux avec les juridictions civiles en 2013 [4], ce qui

---

1. MONUSCO, 29 avril 2009, Note de Cadrage et Plan d'Action : lutte contre l'Impunité des Violences Sexuelles, pp. 4-5.
2. Lois n° 023/2002 et n° 024/2002 du 18 novembre 2002, Journal officiel de la République démocratique du Congo.
3. Loi n° 024/2002 portant Code pénal militaire, 18 novembre 2002, art. 173.et 169, Journal officiel de la République démocratique du Congo.
4. Loi organique n°13/011-B portant organisation, fonctionnement et compétences des juridictions de l'ordre judiciaire, 11 avril 2013, Journal officiel de la République démocratique du Congo, publié le 4 mai 2013.

facilite alors la saisine des juridictions par les victimes et qui garantit une certaine impartialité et indépendance vis-à -vis du pouvoir exécutif. Toutefois, des obstacles persistent pour les victimes, notamment le coût des procédures, l'absence de suivi de la procédure, l'absence de protection des autorités en cas de représailles et la proximité avec les tribunaux. L'absence de volonté de l'État congolais est le premier facteur de l'impunité des auteurs, par conséquent la Cpi est compétente pour intervenir.

Finalement, le Congo n'entend pas réprimer les auteurs de viols alors qu'ils représentent une véritable menace pour la population civile notamment les femmes et les petites filles. De plus, il semble que l'État ne se soit jamais vraiment intéressé au suivi socio-judiciaire des auteurs de viol reconnus coupables. En effet, quelle sanction adaptée faut-il prononcer à l'encontre des enfants-soldats ? Pour les soldats drogués, à leur insu, au moment de la commission de l'infraction ? Ou pour les soldats ayant commis l'infraction sous la contrainte ou la menace de mort ? Il faut rappeler que le droit pénal a pour but de régir les règles de la société, et que la peine comporte diverses fonctions. Beccaria affirme : « pour qu'un châtiment produise l'effet voulu, il suffit qu'il surpasse l'avantage du délit. Tout ce qui va plus loin est superflu et porte la marque de la tyrannie » [1]. Ce dernier rappelle que la finalité de la peine doit d'abord être morale et rétributive. En l'espèce, il est essentiel de se focaliser sur la fonction de rétribution et la fonction de réinsertion, car les auteurs sont parfois des enfants-soldats qui ont été enlevés à leur famille ou sortis de la rue. Ils n'ont alors aucun repère, l'État ne fournit pas suffisamment de moyens afin qu'ils puissent être réinsérés dans la société alors qu'il a tout intérêt à le faire car ils représentent une grande menace et ont un niveau de dangerosité élevé. La fonction privative a pour but d'écarter l'auteur de la société en raison de sa dangerosité, néanmoins, la fondation Bill Clinton pour la paix dénonce les conditions de détention en Rdc sont indignes : des détenus dorment à même le sol, le dortoir est surpeuplé, les détenus ont parfois les yeux

1. C. Beccaria, Des délits et des peines (1764) , Paris, Garnier Flammarion, 1991, p. 86.

bandés pendant des mois. Entre janvier et février 2023 à la prison de Makala, 66 détenus sont décédés[1]. Dostoïevski affirmait que les systèmes pénitentiaires illustrent la culture d'un pays « nous ne pouvons juger du degré de civilisation d'une nation qu'en visitant ses prisons » [2].

En l'absence de répression de l'État congolais, les victimes sont également confrontées à la pratique du règlement de conflit à l'amiable établi par les chefs de famille. En effet, ce procédé de justice traditionnelle existe depuis longtemps. La famille de l'auteur propose de verser une somme pour réparer l'honneur et la réputation de la famille de la victime. Il est fréquent que l'auteur propose d'épouser la victime avec le versement d'une dot à la famille. Bien que la loi interdise les règlements à l'amiable, les familles de victimes optent pour ce recours car il permet d'aboutir à une forme de réparation symbolique rétablissant l'honneur. Le recours fréquent à ce mode de règlement démontre la méfiance face à la justice pénale, ainsi que l'incapacité des autorités à protéger les victimes de ce mode de réparation. Malgré cela, il ne s'agit pas d'une véritable réparation pour la victime puisque très souvent la somme versée ne sera pas utilisée pour son suivi médical, mais plutôt pour assurer les besoins élémentaires de la famille. Cette pratique est dangereuse puisqu'elle participe à l'impunité des auteurs de viol et les encourage. En effet, ces derniers sont conscients qu'ils peuvent échapper aux poursuites pénales en proposant une certaine somme d'argent.

Face à une justice pénale nationale démissionnaire, le recours à la vengeance n'est pas rare. En vertu d'un devoir de solidarité familiale, les familles de victimes décident souvent de se faire justice privée pour restaurer l'honneur. La vengeance n'est pas un acte de légitime défense mais un acte de négation du droit pénal car il contrevient à la présomption d'innocence. Cependant, en l'absence de répression, la vengeance est le

1. Le Monde Afrique/article/2023/02/27/Rdc 66 détenus morts en deux mois dans la prison de Makala à Kinshasa, 27 fév 2023.
1. F. Dostoïevski (1821-1881).
2. F. Dostoïevski (1821-1881).

rétablissement d'un équilibre qui avait été rompu [1], la vengeance est le cri de désespoir des victimes face au système judiciaire qui reste silencieux.

B) L'espoir d'une répression par la Cour pénale internationale

Dès lors, face à l'inaction de l'État, il peut être opportun de recourir à une justice pénale à l'échelle internationale pour pallier cette impunité. L'arrivée de la Cpi est apparue comme l'espoir d'une meilleure répression des auteurs tant par la juridiction en elle-même, que par l'influence qu'elle peut exercer sur les structures judiciaires internes. L'entrée en vigueur de la Cpi le 1er juillet 2002, a permis de répondre à ces difficultés, notamment car la compétence de la juridiction est complémentaire. Autrement dit, elle n'intervient qu'à défaut de l'intervention des juridictions nationales. La création de la Cpi a suscité l'espoir d'une meilleure répression et considération des victimes. En effet, dans une décision rendu le 17 janvier 2006, la Chambre préliminaire I de la Cpi a reconnu des droits aux victimes, dont leur participation devant la juridiction dès le stade de l'enquête [2].

Le viol, lorsqu'il est commis dans le cadre d'un conflit, doit être réprimé et les règles de l'amnistie ne peuvent s'appliquer. De même, il est une infraction imprescriptible, car les crimes internationaux le sont, et comme le viol peut constituer l'un de ses crimes alors il est imprescriptible. Pourtant, ces règles s'appliquent uniquement pour les faits qui remplissent les conditions du viol au regard du Statut de Rome. L'incrimination du viol devant la Cpi en tant que crime de guerre et crime contre l'humanité est possible uniquement si toutes les conditions sont réunies. Pour réprimer les actes de nature sexuelle, la Cpi doit vérifier s'ils entrent dans le champ de

---

1. G. Gérard , La vengeance. Volume I, La vengeance dans les sociétés extra-occidentales. Textes réunis et présentés par Raymond Verdier. Éditions Cujas 1981, 227 pages, Revue interdisciplinaire d'études juridiques, vol. 9, n°2, 1982, pp. 211-214.
1. Décision ICC-01/04-101 du 17 janvier 2006, paragraphe 72 et s.

définition du viol figurant dans les Éléments des crimes [1]. L'auteur doit avoir pris possession du corps d'une personne de telle manière qu'il y a eu pénétration, même superficielle, d'une partie du corps de la victime ou de l'auteur par un organe sexuel, ou de l'anus ou du vagin de la victime par un objet ou toute partie du corps. L'acte doit être commis par la force ou en usant de la menace de la force ou de la coercition. Il doit avoir été commis avec intention et conscience, et la pénétration doit avoir été commise dans l'une des circonstances du texte des Éléments des crimes. En pratique, pour établir l'élément moral, la Cpi regarde exclusivement les circonstances dans lesquelles le viol a été commis. Toutefois, il faut démontrer que le viol relève de la compétence *ratione materiae* de la Cpi En effet, elle ne peut réprimer le viol uniquement s'il est constitutif d'un des crimes internationaux relevant de sa compétence, à savoir : crime contre l'humanité, crime de guerre et génocide. Ensuite, l'infraction doit avoir été commise après le 1er juillet 2002 et il doit concerner un État partie du Statut de Rome, soit commis par cet état, soit commis sur son territoire. Pour agir, il faudra également démontrer que l'État responsable n'avait pas la capacité de juger les faits en raison d'une déstabilisation des structures judiciaires, ou que l'État n'avait pas la volonté de juger les faits. Si ces conditions sont remplies, la Cpi peut juger la responsabilité de l'auteur.

Le viol commis en temps de guerre ne peut être approché de la même manière que pour le viol de droit commun. Dans certaines situations les faits ne peuvent pas être analysés uniquement sous le prisme « auteur et victime ». Cet argument vise les civils ayant été forcés d'intégrer les milices. Tout d'abord, lorsque le viol est utilisé pour détruire et dominer, il arrive que cet acte soit ordonné, sous peine de mort, aux soldats par le chef du groupe. Ils ne consentent pas à commettre ces actes, ils agissent sous la contrainte notamment lorsqu'ils sont nouveaux dans le groupe. Le chef les menace de mort, ou menace de tuer leurs proches, s'ils n'exécutent pas les ordres, c'est-à-dire de violer un ou des civils. De plus, ils sont très souvent accompagnés d'autres soldats veillant à ce que l'acte de

1. Statut de Rome, Les Éléments des crimes, article 7-1-9g-1.

pénétration soit commis. Le témoignage de certains auteurs de viol le démontre : ils agissent sous la contrainte imminente. Punir ces soldats serait-il la solution adéquate alors qu'ils sont également victimes des groupes armés ? La théorie des faits justificatifs est reconnue par le Statut de Rome. L'article 31 reconnaît qu'une personne ne peut voir sa responsabilité pénale retenue si elle se trouvait dans un état d'intoxication ou si elle subissait une contrainte. Néanmoins, en pratique, cette exonération est assez complexe. En effet, le premier viol ordonné est un « rite » pour initier les nouveaux soldats. Par la suite, ces soldats s'imprègnent de cette méthode sans qu'il y ait de contrainte résultant d'une menace de mort imminente. La contrainte si elle existe n'est que morale et n'est pas suffisante pour les exonérer. Ensuite, la Cpi tient compte de l'état d'intoxication. En effet, les chefs de groupe armés usent, soit de la menace de mort, soit de produits psychotropes. Effectivement, la drogue permet de priver la faculté de comprendre la gravité de l'acte, voire de comprendre l'acte, et elle permet de maîtriser leur comportement. Il est fréquent que les auteurs de viols soient drogués par un tiers à leur insu. Pourtant, comme pour la menace, l'usage de la drogue est très souvent employé uniquement sur les nouveaux soldats, ils sont donc conscients et responsables des viols commis par la suite. Parfois, bien qu'ils soient sous stupéfiants, ces derniers sont conscients de commettre un viol, ils mesurent tout de même l'acte et sa gravité, car dans ces circonstances, la drogue est consommée pour leur permettre de passer à l'acte. Il est donc impossible de retenir l'irresponsabilité pénale car ces faits justificatifs ne peuvent pas s'appliquer.

De plus, dans l'intérêt de la lutte contre l'impunité des auteurs, la Cpi a établi différentes responsabilités afin de sanctionner les soldats, mais aussi les personnes disposant du pouvoir. En vertu du Statut de Rome, il n'est pas nécessaire que l'auteur soit pénalement responsable pour engager la responsabilité pénale de son complice. Le complice est celui qui agit pour faciliter la commission du crime, en apportant son aide, son concours ou toute autre forme d'assistance à la commission ou à la tentative de commission de ce crime, y compris en fournissant les moyens de cette commission. Concernant la tentative, elle est retenue lorsqu' une personne tente de commettre un crime par des actes qui constituent un commencement d'exécution mais que ce crime n'est pas accompli en raison de circonstances indépendantes de sa volonté. Cependant, la personne qui abandonne l'effort tendant à commettre le crime, ou en empêche de quelque autre façon l'achèvement, ne peut être punie, en vertu du présent Statut, pour sa tentative si elle a complètement et volontairement renoncé au dessein criminel.

Le statut de Rome différencie deux types de responsabilité : la responsabilité pénale individuelle classique (**a**) et la responsabilité pénale du supérieur hiérarchique ou du chef militaire (**b**).

a. La responsabilité pénale des auteurs principaux du crime et des participants au crime

Il existe plusieurs catégories d'individus sanctionnables. Tout d'abord, l'auteur principal qui a commis l'acte, il peut s'agir d'une commission individuelle du crime. Il peut également s'agir d'une commission conjointe fondée sur un plan commun avec une contribution essentielle à la commission de l'infraction de chaque coauteur. Il faudra alors démontrer la part de contrôle de chacun. Cela peut également concerner une commission par intermédiaire ou par coaction indirecte comme ce fut le cas dans l'affaire Katanga. En effet, la Cpi considère qu'il est possible d'imputer à l'accusé les crimes commis par ses propres subordonnés, mais aussi les crimes des subordonnés d'un autre accusé. La Cpi avait conclu que Germain Katanga avait commandité le viol des femmes civiles tout en ayant connaissance du plan criminel, élaboré par la milice, à l'encontre de la population de Bogoro étant principalement de l'ethnie Hema. Il avait conscience que son comportement entrait dans le cadre d'une attaque généralisée ou systématique. Par conséquent, les viols étaient constitutifs d'un crime contre l'humanité et d'un crime de guerre au regard du Statut de Rome. En mars 2014, la Cpi a retenu la responsabilité pénale de Germain Katanga pour complicité de crime de guerre et complicité de crime contre l'humanité. En mai 2014, la Cour condamne ce dernier à une peine de douze ans d'emprisonnement. Puis en 2017, la chambre de première instance de la CPI a rendu une ordonnance imposant à M. Katanga de verser 1 million de dollars pour réparer les préjudices subis[1].

La responsabilité pénale individuelle est engagée pour la personne qui ; participe au crime individuellement ou conjointement ; ordonne ou sollicite ou encourage la commission du crime ; aide ou assiste à la commission du crime ; tente de commettre un tel crime ; contribue intentionnellement d'une façon ou d'une autre à la commission d'un crime commis par un groupe de coauteur pour faciliter l'activité criminelle ou le dessein criminel du groupe, si cette activité ou ce dessein comporte l'exécution d'un crime relevant de la compétence de la Cour. Nonobstant, s'agissant du crime de génocide, la personne doit avoir incité directement et publiquement autrui à le commettre. Il y avait une volonté de rassembler le plus de modes principaux ou accessoires de commission de l'infraction. La complicité est très largement définie afin d'appréhender toute la dimension collective de la criminalité. De même, l'instigateur est considéré comme auteur au plan international tandis que pour les infractions de droit commun il est qualifié de complice. En vertu du Statut de Rome, l'instigateur est puni comme auteur parce qu'il s'agit de personnes ayant favorisé l'instauration d'un climat criminel et programmé le comportement criminel. Par conséquent, leur action est décisive dans la commission des crimes. L'instigateur est l'auteur moral de l'infraction et comme l'affirmait Vidocq : « le plus grand fléau dans les sociétés est l'homme qui provoque. Quand il n'y a point de provocateurs, ce sont les forts qui commettent les crimes, parce que ce sont les forts qui les conçoivent » [2].

Il était essentiel de réprimer tout aussi sévèrement, ceux qui donnent l'ordre de violer. Il faut démontrer que l'instigateur a voulu provoquer la commission du crime ou qu'il a agi en ayant

1. ICC-01/04-01/07-3728 24-03-2017 1/131 RH T
2. E-F.Vidocq, Mémoires, tome 1, Paris, 1828.

conscience que la commission du crime serait une conséquence de son conseil, de son ordre ou de son encouragement [1]. Par ailleurs, il faut établir un lien de causalité entre l'instigation et la commission du viol mais il suffit que l'instigateur ait eu un impact identifiable sur le comportement de l'auteur [2]. La Cpi recourt aussi à la notion de contrôle conjoint ; celui qui résulte d'un plan commun et qui permet d'appréhender la responsabilité de tous les auteurs qui participent au crime. La responsabilité de l'instigateur peut avoir un lien très étroit avec celle du chef militaire. En effet, le chef militaire donne l'ordre de commettre les viols, son impact sur le comportement de l'auteur est avéré puisque le soldat doit lui obéir. À contrario, au regard de son influence et de son impact sur les combattants, il peut être reproché au chef militaire de ne pas avoir pris des mesures adéquates pour empêcher les viols.

b. La responsabilité pénale du supérieur hiérarchique et du chef militaire

Le Statut de Rome a également décidé d'engager la responsabilité pénale des supérieurs hiérarchiques et des chefs militaires. Il ne s'agit pas ici des donneurs d'ordre mais plutôt des personnes qui n'ont pas agi pour cesser les actes criminels. En effet, l'article 28-a cible le chef militaire, car les soldats étant placés sous son commandement et son contrôle, il ne peut ignorer les faits. Il y a alors une présomption, car automatiquement il sera considéré que le chef militaire savait, ou qu'en raison des circonstances, il aurait dû savoir, que ses soldats commettaient ou allaient commettre ces crimes. Bien qu'il n'ait pas eu une intention de commettre les crimes, le Statut permet sa répression sur le fondement de la faute par l'absence de mesures nécessaires et raisonnables qui étaient en son pouvoir pour empêcher ou réprimer l'exécution des crimes.

Concernant la responsabilité pénale des supérieurs hiérarchiques, elle est engagée pour les mêmes motifs, mais le

---

1. TPIY, Chambre d'appel, 17 décembre 2004, Le Procureur c. Kordic et Cerkez, paragraphe 32.
2. TPIR, Chambre d'appel, 7 juillet 2006, Le Procureur c. Gacumbitsi, paragraphe 129.

statut cible aussi la situation où le supérieur hiérarchique a délibérément négligé de tenir compte d'informations qui indiquaient clairement la commission des crimes. La différence observée entre les chefs militaires et les supérieurs hiérarchiques repose sur le fait que le supérieur hiérarchique dispose d'un pouvoir d'influence, qui n'est certes pas un pouvoir de commandement formel, mais qui est assez fort pour exercer une forme de pressions psychologiques. Ce nouveau mode de responsabilité pénale émerge dès 1919 et s'est développé après la Seconde Guerre mondiale afin que les supérieurs des forces armées des puissances de l'Axe puissent être punis pour les crimes commis par leurs subordonnés dès lors qu'ils n'avaient rien fait pour arrêter les crimes. Le 28 août 1944, la France va adopter une loi pour poursuivre les supérieurs hiérarchiques. La Cour suprême des États-Unis dans un arrêt Yamashita de 1946, estime que les crimes commis par les subordonnés étaient si nombreux que même si Yamashita ne les avait pas ordonné lui-même, il ne pouvait qu'en avoir connaissance et que sa seule position générale de l'armée suffisait pour établir le lien de subordination entre lui et ses soldats. Ce raisonnement est bénéfique notamment pour réprimer les viols commis lors des conflits, car les chefs militaires ne peuvent ignorer les viols massifs commis par les combattants. De plus, il est rare qu'ils agissent pour faire cesser ces actes. Avant l'apparition de la Cpi, lors des procès de Tokyo, la responsabilité pénale d'autorités civiles a été engagée pour des crimes de guerre en application de ce principe. En effet, l'ancien Ministre des affaires étrangères du Japon, a été reconnu coupable de viols collectifs, il lui était reproché d'avoir « failli à son devoir pour ne pas avoir insisté auprès du Cabinet pour que les mesures soient prises pour mettre un terme aux atrocités à défaut de toute autre mesure en son pouvoir pour aboutir au même résultat. Il s'est contenté des assurances qui lui avaient été données et dont il savait qu'elles n'étaient pas suivies d'effet. Son inaction équivalait à une négligence criminelle » [1].

1. Tribunal militaire international pour l'Extrême-Orient, Comptes rendus complets des procès de Tokyo, réédités, in John Prichard et Sonia Magbanua

Concernant les viols commis entre le 26 octobre 2002 et le 15 mars 2003 par des soldats du Mouvement de libération du Congo sur le territoire de la République centrafricaine, la Cpi a conclu, en 2016, que Jean-Pierre Bemba était responsable pénalement des crimes contre l'humanité de meurtre et de viol et des crimes de guerre de meurtre, de viol et de pillage, au titre de chef militaire. En effet, il lui était reproché de ne pas avoir pris les mesures nécessaires et raisonnables qui étaient en son pouvoir pour empêcher ou réprimer l'exécution des crimes commis par ses troupes, ni pour en référer aux autorités compétentes aux fins d'enquête et de poursuites. Il est démontré que Jean-Pierre Bemba avait eu connaissance par des moyens de communication lui permettant d'être en contact avec ses commandants opérationnels sur le territoire, que ses troupes commettaient des viols ou étaient sur le point d'en commettre. Par ailleurs, des informations provenaient de ses services de renseignement civils et militaires, et il faut souligner la forte médiatisation des viols massifs commis par ses troupes. Ayant conscience et connaissance des faits, il n'a pas pris de mesures adéquates alors qu'il a un pouvoir de nomination et de révocation ainsi qu'une mainmise sur les finances de son mouvement. Toutefois, en 2018, la chambre d'appel de la Cpi l'acquitte des charges de crimes de guerre et de crimes contre l'humanité au motif qu'il n'avait pas les moyens de prendre des mesures pour limiter les actes de ses troupes dont les viols. Cet acquittement est un réel échec pour les victimes, de plus il démontre la difficulté d'imputer les faits aux chefs militaires. En pratique, il est difficile de poursuivre ces chefs militaires et supérieurs hiérarchiques, car il s'agit de groupes armés indépendants ce qui rend la structure hiérarchique confuse. Par conséquent, le manque de preuve rend difficile l'établissement de leur identité. Cette difficulté n'est finalement pas anodine, puisqu'elle représente bien les limites de l'intervention de la Cpi en raison de nombreux obstacles.

3.2. L'intervention limitée de la Cour pénale internationale

Zaide, éd. The Tokyo War Crimes Trial, vol. 20, éd. Garland, New-York /Londres 1981, p. 49 791.

La création de la juridiction pénale internationale avait pour vocation de répondre à la lutte contre l'impunité. La Cpi avait pour ambition principale de réprimer les violences sexuelles. Cependant, en pratique, cette quête de l'impunité est réfrénée par des obstacles extrinsèques à la Cpi. La juridiction a été créée avec quelques lacunes, Robert Badinter reconnaissait l'imperfection de cette juridiction, mais il attestait qu'il était préférable d'avancer dans la lutte contre l'impunité avec des lacunes plutôt que de ne pas agir. Néanmoins, il faut reconnaître que cette imperfection handicape l'ouverture d'enquête, les commencements de poursuites ainsi que les condamnations. La difficile coopération des États fragilise la répression des auteurs (**A**). De plus, le procureur de la Cpi est confronté à la complexité des preuves voire à l'absence de preuves (**B**). Pourtant, des obstacles sont inhérents à la compétence de cette juridiction, alors même qu'ils auraient pu être évités (**C**).

A) La difficile coopération des États avec la Cour pénale internationale

Bien que la Cpi manifeste une volonté de lutter contre les violences sexuelles durant les conflits, l'Onu se heurte à de nombreux obstacles. En effet, au regard de la situation du Burundi, en 2017, la Procureure Bensouda avait ouvert une enquête concernant des allégations de crimes contre l'humanité sur le territoire national et par des ressortissants burundais hors du territoire. De cette enquête ressortait l'usage de la violence à l'égard de la population civile par des membres du gouvernement militaire burundais en place, par la police et par des services de renseignement. Il leur est reproché d'avoir commis des crimes contre l'humanité, notamment le viol systématique et massif des femmes et des enfants. Les hommes ont également été victimes d'autres formes de violence sexuelle. Fatou Bensouda a aussi affirmé que le viol avait été utilisé à des fins de persécution. Toutefois, à ce jour, aucune poursuite n'a encore été menée, dans le même temps, le Burundi s'est retiré du Statut de Rome. Par conséquent, n'étant plus un État partie, la Cpi n'est plus compétente pour juger les faits. La compétence de la Cour n'est pas véritablement universelle, car certains États ne font pas partie du Statut de Rome, comme l'Ukraine, la Chine, la Russie ou encore les États-Unis. Cela compromet grandement l'efficacité de la Cour, tout comme le droit de veto des cinq États permanents au Csnu. Actuellement, l'armée russe attaque la population ukrainienne. Selon le rapport d'une Commission d'enquête internationale du Conseil des droits de l'homme de l'Onu, les attaques russes constituent des crimes de guerre, dont des viols et des violences sexuelles. En juin 2022, le Haut-commissariat de l'Onu a relevé 124 actes sexuels présumés liés au conflit. L'Onu reconnaît le caractère massif et systématique des viols et soutient que ces viols s'inscrivent dans une stratégie militaire pour humilier les ukrainiens. Le viol est aussi utilisé par les soldats russes comme un acte de torture pour obtenir des renseignements auprès des prisonniers de guerre. La représentante spéciale de l'Onu sur la violence sexuelle dans les conflits, a affirmé que l'armée russe utilisait le viol comme stratégie délibérée pour déshumaniser les victimes. Face à de tels faits, le Csnu est paralysé, car la Russie use systématiquement de son droit de veto sur les résolutions du Conseil la condamnant. Ce fut le cas avec la résolution du 25 février 2022 visant à « condamner l'agression russe », et le 30 septembre 2022 avec celle condamnant l'annexion de quatre régions ukrainiennes. Dans ce conflit, la Cpi n'a ni la compétence *ratione personae*, ni la compétence *ratione loci*. Par conséquent, l'effectivité de la justice pénale internationale est très limitée.

Les États doivent alors mettre à disposition leurs autorités nationales afin de faciliter la répression des auteurs. En effet, l'absence d'arrestation complique les procédures et donc, les juges de la Cpi ne peuvent prononcer de décision. En vertu de l'article 59 du Statut de Rome : « L'État Partie qui a reçu une demande d'arrestation provisoire ou d'arrestation et de remise prend immédiatement des mesures pour faire arrêter la personne dont il s'agit ». Une fois de plus, la Cpi dépend de la volonté des États, la non-exécution de mandats d'arrêt crée un climat d'impunité. Malgré cela, la coopération des États n'est pas le seul obstacle.

B) L'obstacle des preuves manquantes

Le procureur de la Cpi est confronté à la complexité des preuves voire à l'absence de preuves. En principe, le témoignage comme moyen de preuve ne nécessitera plus de corroboration pour être recevable [1]. La Cpi est consciente que la preuve d'un viol est difficile à apporter d'autant plus que l'acte n'est pas toujours commis devant des tiers. Il n'appartient pas à la victime d'apporter la preuve du non-consentement, le Statut de Rome a établi que : « ne peut en aucun cas être inféré des paroles ou de la conduite d'une victime lorsque [sa] faculté [...] de donner librement un consentement véritable a été altérée par l'emploi de la force, de la menace ou de la contrainte, ou à la

1. M. Ayat, Quelques apports des Tribunaux pénaux internationaux, *ad hoc* et notamment le Tpir, à la lutte contre les violences sexuelles subies par les femmes durant les génocides et les conflits armés, International Criminal Law Review, Martinus Nijhoff Publishers, 2010, pp. 787–827.

faveur d'un environnement coercitif » [1]. Par ailleurs, le silence ou le manque de résistance de la victime ne peuvent établir des preuves de son consentement.

L'impunité persiste parce que la preuve est difficile à recueillir au motif que les victimes sont moins enclines à dénoncer les faits et à témoigner à cause de la stigmatisation de la société, du tabou culturel ou religieux. Bien qu'il y ait un mouvement de libération de la parole des victimes, les viols demeurent un sujet humiliant pour elles. L'exclusion et la stigmatisation subies par celles-ci, sont un véritable obstacle à la justice. Par conséquent, les éléments de preuve scientifique sont rares en raison du temps écoulé entre le viol et la dénonciation, c'est donc la parole de la victime contre celle du présumé innocent. Il faut également souligner que les victimes ou les associations d'aide aux victimes, qui participent à l'établissement des dossiers de la Cpi , subissent parfois de la subornation. En effet, en 2015, le Secrétaire général de l'Onu a allégué que les autorités exerçaient souvent des « pressions sur les victimes et sur les témoins pour les amener à retirer leurs plaintes et leurs témoignages » [2]. Par exemple, en septembre 2018, Jean Pierre Bemba avait été condamné par la Cpi pour subordination de témoins. Nonobstant, en 2007, le Professeur Cario soulevait déjà un point essentiel : il est crucial que les professionnels possèdent des connaissances approfondies dans les domaines de la criminologie et de la victimologie pour pouvoir accompagner efficacement les victimes et répondre à leurs besoins spécifiques [3]. En effet, cette prise en charge des victimes favorise d'une part leur reconstruction, et d'autre part, contribue à cette impunité grâce à la communication d'éléments essentiels pour l'enquête [4].

Le premier procureur de la Cpi, Luis Moreno Ocampo, souhaitait démontrer l'efficacité et l'intérêt de la Cpi. Par

---

1. Règlement de procédure et de preuve, article 70.
2. ONU., Secrétariat général, Rapport du Secrétaire général sur les violences sexuelles liées aux conflits, S/2015/203, 23 mars 2015, p. 4.
3. R. Cario, Les droits des victimes devant la Cour pénale internationale, In A.J. Pénal, 2007-6, pp. 261-265
4. *Ibid*

conséquent, il a voulu mettre en avant la rapidité de la Cour quant à l' ouverture des enquêtes de crimes internationaux, mais il a délibérément exclu les faits de violences sexuelles. En effet, la preuve de ces actes est plus difficile et lente à apporter, et donc aurait nui à son objectif de rapidité. De plus, à défaut de preuves concrètes, les actes de violences sexuelles sont requalifiés en actes inhumains. Ce défaut de preuve invisibilise les violences sexuelles commises lors des conflits et permet l'abandon des poursuites. Il est rare que des preuves d'ordres donnés pour la commission de crimes sexuels soient fournies car il s'agit souvent d'ordres donnés oralement. Face à cette difficulté, le Bureau du Procureur de la Cpi a allégué qu'il se référerait à « certains [...] comportements adoptés antérieurement ou postérieurement aux faits ou la transmission de certaines informations [pour] établir que l'accusé savait que de tels crimes se produiraient dans le cours normal des événements, permettant de constituer l'élément psychologique » [1].

Ces difficultés sont externes à la volonté de la Cpi et résultent de l'attitude passive des États ainsi que de la complexité des crimes sexuels. Mais certains obstacles sont inhérents à la compétence de la Cpi , pourtant, ils auraient pu être évités. Cependant, les rédacteurs du Statut de Rome ont exclu du champ de compétence de la Cpi des éléments essentiels qui sont à présent de véritables obstacles à la répression.

C) Les obstacles inhérents à la compétence de la juridiction

Les travaux menés par la Cour ont suscité un réel espoir auprès des victimes. Toutefois, vingt ans après la création de la Cpi, le constat démontre l'insuffisante répression des auteurs de viol (**a**). Il est essentiel d'aborder la situation des enfants-soldats puisqu'ils sont exclus du champ de compétence de la Cpi, et cette exclusion est facteur d'impunité et surtout elle perpétue la violence (**b**). Par ailleurs, il est nécessaire de

1. Document de politique générale relatif aux crimes sexuels et à caractère sexiste, Cpi , Bureau du Procureur, Juin 2014, p. 36.

rappeler qu'en raison de la non-rétroactivité de la Cpi, des faits demeurent impunis, laissant alors les victimes sans justice (**c**).

a) L'insuffisante répression des auteurs de viol

La Cour trouve son efficacité dans la coopération des États, par exemple, en mars 2004, le président de la Rdc, défère lui-même la situation au Procureur de la Cpi, ce qui va aboutir à l'ouverture d'une enquête le 16 juin 2004 [1]. L'ancienne procureure Fatou Bensouda a toujours affirmé sa volonté de porter une attention particulière au traitement des crimes sexuels. Cette volonté a mené à une formation spéciale de son personnel pour comprendre les enjeux sexospécifiques dans les enquêtes et les affaires. Jusqu'à présent, la Cpi s'est prononcée sur deux affaires et a rendu une condamnation définitive avec un chef d'accusation se rapportant au viol. En effet, le 30 mars 2021, la Chambre d'appel de la Cpi a confirmé la décision prononcée en première instance à l'égard de Bosco Ntaganda. Il a été reconnu auteur de crimes de guerre et de crimes contre l'humanité notamment pour les viols massifs commis entre 2002 et 2003 en Rdc. En effet, étant chef militaire, il a été condamné pour le viol de civils par ses troupes, et pour l'esclavage sexuel d'enfants-soldats. La Cpi a requis une peine de trente ans d'emprisonnement. Dès lors, c'était la première fois que la Cpi condamnait un individu pour avoir commis viol comme constitutif de crime de guerre et de crime contre l'humanité. Pourtant, les viols en période de conflit sont dominants et systématiques, cette première condamnation tardive interroge sur l'efficacité de la Cpi et la lutte contre l'impunité des violences sexuelles de l'Onu.

Plus récemment, le 15 décembre 2022, la Cpi a confirmé en appel la condamnation du chef militaire Dominic Ongwen. Ce dernier a été reconnu coupable de 61 chefs de crimes de guerre et de crimes contre l'humanité dont des viols. Il a été condamné à une peine de vingt-cinq ans d'emprisonnement. Cette condamnation est la deuxième concernant le viol comme crime international et, la première à poursuivre le crime de grossesse

1. Cette enquête sera la première de la Cpi.

forcée. Ces deux condamnations sont encourageantes, mais elles demeurent insuffisantes. Il faut rappeler qu'à travers la création de la Cpi , il y avait une volonté de répondre à cette absence d'impunité des auteurs de violences sexuelles. Deux condamnations de la Cpi face aux nombreux viols commis, est dérisoire voire décourageant pour les victimes. Concernant les sanctions, la Cpi ne peut prononcer une peine excédant trente ans d'emprisonnement, toutefois, il est possible de prononcer la peine d'emprisonnement à perpétuité au regard de la gravité du crime et de la situation du concernée [1]. Étant une juridiction internationale, la Cpi ne dispose pas de ses propres prisons pour exécuter les peines prononcées. Ainsi, la coopération des États est-elle primordiale pour le bon fonctionnement de la juridiction. Par conséquent, les États parties volontaires mettent à disposition leurs établissements pénitentiaires [2]. Finalement, la Cpi dépend de la coopération des États.

b) L'exclusion des mineurs du champ de compétence

Dans les conflits, nombreux sont les soldats étant mineurs. Bien que le viol réponde à un plan de destruction et/ou d'humiliation préparé par un supérieur hiérarchique ou un chef militaire, il est matériellement commis par les soldats. Selon l'Onu, dans les conflits armés actuels, plus de 250 000 enfants sont soldats. Concernant la Rdc, dans un rapport de 2016 [3], l'Onu a relevé l'enrôlement de 488 enfants, dont 30 % étaient mineurs de 15 ans lors du recrutement. En Syrie, en 2021, 221 enfants ont été enrôlés dans les groupes armés. Ces enfants, souvent arrachés à leur famille, subissent des traitements inhumains, nous avons vu qu'ils étaient très souvent drogués de force. Ces drogues sont utilisées afin de les rendre inconscients du danger, de la gravité des violences et de les contraindre plus facilement à commettre les viols. Les enfants-soldats n'ont donc pas vraiment de discernement lors de la commission des viols.

---

1. Règlement de procédure et de preuve, Règle 145 paragraphe 3.
2. Statut de Rome, article 103-1-a.
3. Rapport du Secrétaire général des Nations Unies, intitulé : « Le sort des enfants en temps de conflit armé », 20 avril 2016,lors de la 70eme session de l'Assemblée générale, 71eme année, n° A/70/836-S/2016/360.

L'article 26 du Statut de Rome rappelle que la Cpi est compétente pour poursuivre uniquement les personnes de plus de 18 ans. Cette incompétence à juger les mineurs est une entrave, notamment lorsque les chefs des groupes armés enrôlent particulièrement des enfants conscients que la Cpi ne pourra pas les juger. Cela explique aussi l'importance de la responsabilité pénale des chefs militaires et des supérieurs hiérarchiques. Il revient donc aux juridictions nationales de juger les mineurs auteurs de ces crimes de viol. En pratique, certains États optent pour l'amnistie ou des procédures axées sur la primauté de l'éducatif sur le répressif afin de favoriser la réintégration et la réhabilitation du mineur dans la société. Toutefois, l'âge de la responsabilité pénale varie selon les États, par exemple, en Europe il y a une variation d'âge : en Écosse elle est fixée à 8 ans, en Angleterre et en Suisse à 10 ans, en France à 13 ans, et au Portugal à 16 ans. Dans les pays enclins aux conflits comme en Rdc la responsabilité pénale est fixée à 16 ans, en Syrie elle est fixée à 15 ans, ou en Russie elle est fixée à 14 ans. En pratique, il est rare que dans les États en conflit, les mineurs auteurs de viol soient jugés par les juridictions nationales : par manque de moyens ou pas manque de capacité. Par conséquent, les victimes ne sont pas entendues, les actes ne sont ni reconnus, ni désapprouvés et surtout, dans la plupart des cas, ces auteurs mineurs ne sont ni punis, ni pris en charge par des mesures éducatives.

Très souvent, il n'existe pas de structures spéciales pour les accueillir, et les mineurs sont alors incarcérés avec les détenus majeurs. Si pour les majeurs, la Cpi peut être compétente dès lors que les juridictions nationales d'un État ne sont pas en capacité de juger ou n'ont pas la volonté de juger les auteurs, pour les mineurs aucune alternative n'a été prise. La Cpi est une juridiction axée sur la répression, mais ne faudrait-il pas qu'une section particulière soit créée pour les mineurs âgés de 15 à moins de 18 ans ? Laisser la compétence à des juridictions nationales qui peinent déjà à juger les auteurs majeurs n'est qu'une manière d'ignorer les crimes commis. Par ailleurs, ces conflits sont en général très longs. Par conséquent, ces mineurs deviendront majeurs et continueront à commettre des crimes, la

Cpi sera alors compétente. Cette absence de compétence ne fait que retarder la saisine de la Cpi. En effet, Dominique Ongwen en est le parfait exemple, il a été enlevé à l'âge de 9 ans et il a été enrôlé dans un groupe armé, il a commis des crimes en étant mineur puis à l'âge adulte. Finalement il a été condamné par la Cpi pour les actes commis étant majeur. De plus, Dominique Ongwen a été arrêté par la Cpi en qualité de commandant du groupe armé. Dès lors, ces enfants-soldats, dont aucune juridiction pénale ne se préoccupe, disposent très souvent par la suite du pouvoir de commandement. N'est-il pas plus judicieux pour la Cpi de s'intéresser à la situation des mineurs âgés de 15 à 18 ans, afin d'éviter qu'ils ne représentent davantage un danger à l'âge adulte ? C'est un véritable effet d'entraînement. Ce fut le cas de Dominique Ongwen, un enfant enrôlé de force par les milices armées, devenu à l'âge adulte l'une des figures terrorisant les civils. Dans l'affaire Ongwen, les juges ont affirmé que son enrôlement de force, l'endoctrinement ainsi que les violences subies durant son enfance par le groupe armé ne pouvaient pas exonérer sa culpabilité. Il est évident que le récit de son enfance n'est pas une cause d'exonération, toutefois, qu'aurait pu proposer la Cpi afin d'éviter qu'Ongwen ne sombre dans cette cruauté ? Quels sont les recours possibles concernant la situation des enfants-soldats, mis à part la répression des personnes les ayant enrôlés ?

c) La non-rétroactivité de la juridiction

Il est nécessaire de rappeler qu'en raison de la non-rétroactivité de la Cpi des faits demeurent impunis, laissant alors les victimes sans justice. La Cpi n'est compétente que pour les faits commis à compter du 1er juillet 2002. Cependant, il y a des crimes internationaux qui ont été commis avant cette date, comme ce fut le cas en Rdc. L'article 24 du statut de Rome dispose que « Nul n'est pénalement responsable, en vertu du présent Statut, pour un comportement antérieur à l'entrée en vigueur du Statut ». Mais, cela pose une certaine difficulté, car des faits ne seront jamais jugés, par exemple de 1996 à 2002 des viols ont été commis en Rdc et les auteurs n'ont jamais été condamnés. Cet exemple démontre que la quête de l'impunité est très souvent réfrénée par des obstacles liés à la compétence de la Cour, liés à la poursuite des auteurs ou à la recherche de preuves. Par conséquent, les actes demeurent impunis, les auteurs sont toujours en liberté et certains sont même au pouvoir, car aucune juridiction spéciale comme le Tpir ou le Tpiy n'a été créée. Il aurait été judicieux que le Statut de Rome soit rétroactif, soit avec l'accord de l'État concerné, soit avec le consentement du Conseil de Sécurité. Certes rendre rétroactive la compétence de la Cpi porterait atteinte au principe de non-rétroactivité de la loi pénale. Toutefois, cette violation est moins préjudiciable que l'impunité de nombreux auteurs de crimes. De plus, les crimes relevant de la compétence de la Cpi sont imprescriptibles [1], il aurait été logique que la Cpi soit rétroactive au moins pour les faits commis à la fin du XXème siècle.

La création de la Cpi a participé à la reconnaissance juridique du viol en mettant en avant la gravité de cet usage. Sa création était l'espoir d'une véritable répression intransigeante et universelle. Nonobstant, la juridiction se heurte à de nombreux obstacles ce qui explique le peu de condamnations concernant le viol. La justice pénale internationale ne peut avancer sans la coopération des États. Bien qu'il y ait des difficultés, la mobilisation face au viol est tout de même en progrès.

1. Statut de Rome, article 29.

4

Une mobilisation d'acteurs internationaux et un renforcement progressif de la protection des victimes

Cette lutte n'est pas réalisable sans la coopération des États. En effet, la justice pénale internationale n'est pas la seule solution à la répression et, parallèlement à la Cpi il y a une mobilisation effective face aux auteurs de viol (**4.1**). La communauté internationale a permis le renforcement de la répression en mettant en œuvre diverses mesures. Cette mobilisation est encourageante et il faut saluer l'effort. Toutefois, le droit pénal est un outil qui se concentre essentiellement sur l'auteur négligeant alors la place de la victime. Pourtant, la communauté internationale a tout intérêt à accorder de l'importance aux victimes afin d'éviter les vengeances privées. La victime est un sujet passif, et il appartient à la justice de compenser les souffrances subies en réparant l'injustice, néanmoins, la justice pénale délaisse la protection des intérêts privés. En effet, les victimes sont très souvent abandonnées par la Justice.

Face à cette absence de protection adéquate de la victime par la justice pénale, il faut parfois recourir à des mécanismes de coexistence pacifique. En effet, la communauté internationale peut certes agir dans la lutte contre l'impunité des auteurs, mais elle peut également intervenir dans des mécanismes plus pacifiques pour renforcer le droit interne d'un État. Ainsi, le règlement pacifique permet-il de placer au centre la victime (**4.2**).

4.1. La concrétisation d'une mobilisation face aux auteurs de viol

En l'absence de coopération des États, la justice pénale internationale ne peut pas fonctionner, puisque sans cela, les enquêtes et les poursuites de la Cpi sont retardées voire rendues impossibles. En parallèle de cette juridiction, il existe des alternatives plus efficaces afin de sanctionner les viols et de traduire en justice les auteurs. La Cpi ne doit pas être perçue comme l'unique alternative à la répression du viol. En effet, il faut se tourner vers d'autres alternatives (**A**), il est parfois plus judicieux de procéder à la création de tribunaux hybrides. Le droit international dans sa lutte contre l'impunité met également en avant l'importance de recourir aux instruments extra-pénaux (**B**) permettant de renforcer l'impunité de ces crimes.

A) Les alternatives efficaces à la juridiction

Afin de pallier ces nombreux obstacles, des juridictions dites spécialisées ou hybrides temporaires ont été conçues pour juger les crimes internationaux commis pendant une période et sur un territoire déterminé. Ces juridictions hybrides s'inscrivent dans la lutte contre l'impunité, car elles ont pour compétence de réprimer les crimes prévus par le droit international et par la législation nationale de l'État concerné. Elles appliquent donc, le droit international et le droit national, et siègent dans l'État sur le territoire duquel les faits ont été commis. Dès lors, puisque ces juridictions sont compétentes pour juger les faits commis pendant une période limitée, elle peut juger les crimes commis avant son entrée en vigueur et avant 2002. Finalement, c'est une alternative plus efficace que la Cpi puisqu'elle permet aussi aux professionnels d'être plus proches de la situation et de pouvoir enquêter sur les faits commis sur tout le territoire sans restriction alors que, par exemple, pour le cas de la Rdc, la Cpi avait limité son champ d'enquête à la région du Kivu. De plus, ces juridictions accordent une place plus importante aux victimes. Elles permettent également de contribuer au développement et au renforcement du système judiciaire national. Ces juridictions sont créées, soit en raison d'une incapacité du système judiciaire national, soit, au motif que les lois nationales sont insuffisantes et ne permettent pas la poursuite pénale des crimes internationaux. En pratique, elles sont créées pour le premier motif. Au regard de l'incapacité des autorités internes de la République Centrafricaine, a été créé, en 2018, un organe juridictionnel spécialisé pour mener des enquêtes et engager des poursuites dans des situations de violations des droits humains. Il est également possible qu'elles soient créées en raison d'une absence de volonté de l'État de sanctionner les auteurs. Ce fut la situation du Timor-Leste, un tribunal international temporaire hybride a été créé en 2000 par l'Administration transitoire de l'Onu au Timor oriental pour juger les faits commis de 1975 à 1999 par l'armée indonésienne. Les assaillants avaient été reconnus coupables de crimes contre l'humanité et d'autres crimes graves dont le viol, qui avaient été commis sur le territoire.

Au regard de la situation de la Rdc qui est assez particulière en raison du nombre colossal de viols constitutifs de crime contre l'humanité et de crime de guerre, l'absence d'un tribunal spécialisé pour la Rdc est déplorable. En décembre 2022 les autorités congolaises réclamaient encore sa création. La lutte contre l'impunité des auteurs ne peut se faire sans l'intervention de l'État. Par ailleurs, la situation de la Rdc nécessite une justice transitionnelle pour réparer les préjudices. La Cpi a été une avancée majeure pour l'encadrement et la répression des crimes de violences sexuelles. Cette Cour a été créée pour répondre au besoin urgent d'avoir une juridiction pénale permanente pour ne plus laisser impunis des grands crimes comme ce le fut à la fin de la Seconde Guerre mondiale. À présent, il serait plus judicieux de créer des juridictions pénales régionales. D'une part, parce que la compétence d'une telle juridiction serait moins remise en question comme le font certains États africains avec la compétence de la Cpi En effet, de nombreux chefs d'États allèguent que la Cpi ne cible que les conflits du continent africain, par conséquent, ils remettent en cause sa compétence et sa légitimité. D'autre part, la création d'une juridiction régionale fondée sur le principe de complémentarité positive permet de soutenir et de renforcer les juridictions nationales dans leur lutte contre l'impunité.

Cependant, en attendant la création de telles juridictions, tous les États sont dotés d'une compétence universelle qui peut permettre de réprimer les auteurs de viols commis durant un conflit sur un autre territoire. En vertu de l'article 689-1 du Code de procédure pénale, le juge dispose d'une compétence universelle. C'est une compétence subsidiaire exceptionnelle qui permet à l'État de poursuivre des crimes qui n'ont aucun lien de rattachement à lui car il a été commis par des étrangers contre des étrangers à l'étranger. Cette compétence se fonde sur le seul fait que le crime commis porte atteinte à l'ordre public international, et donc il concerne tous les États. Cette compétence s'applique pour les crimes de droit international. En effet, le responsable d'un génocide, d'un crime contre l'humanité ou d'un crime de guerre peut être poursuivi par les juridictions françaises à la condition qu'il réside habituellement sur le territoire français. D'autres conditions sont à respecter, la personne peut être poursuivie seulement lorsqu'elle est soupçonnée d'avoir commis à l'étranger l'une des infractions suivantes : le crime de génocide tel que défini dans le Code pénal ; les autres crimes contre l'humanité définis dans le Code pénal. Il faut que les faits soient punis par la législation de l'État où ils ont été commis ou si cet État est partie au Statut de Rome de 1998. La condition de double incrimination a longtemps fait obstacle à l'impunité pour le juge français. Toutefois, récemment, le 12 mai 2023, la Cour de cassation a rendu un arrêt dans lequel elle reconnaît que : « Pour qu'il y ait double incrimination, il n'est pas nécessaire que les faits relevant en France des infractions de crime contre l'humanité ou de crime de guerre soient qualifiés de manière identique par les lois du pays étranger : il suffit que la législation étrangère punisse ces actes comme infraction de droit commun tel le meurtre, le viol ou la torture » [1]. Cette décision est un réel tournant puisqu'elle facilite la répression des crimes internationaux. Plus globalement, la compétence universelle est efficace et importante pour recourir à la répression des auteurs de crimes internationaux. Elle est souvent le dernier espoir pour les

1. Cass., ass. Plén., 12 mai 2023, n° 22-82.468 et n° 22-80.057, B-R.

victimes, de voir que les auteurs sont confrontés aux faits. Selon le rapport de la Fédération internationale pour les droits humains, en 2022, il y a eu 93 affaires ouvertes par divers États sur le fondement de cette compétence. En 2021, sur les 125 chefs d'accusation retenus dans des affaires de compétence universelle, seuls 17 chefs d'accusation relevaient de violences sexuelles en temps de conflits. En Allemagne, le 13 janvier 2022, un haut responsable du gouvernement Assad a été condamné pour crimes contre l'humanité en Syrie. En effet, il a été reconnu comme coauteur d'acte de torture, de 27 meurtres et de cas de violences sexuelles et d'autres crimes. Dans sa décision, le tribunal de Coblence a reconnu les viols comme crimes systématiques à l'encontre de la population civile syrienne, donc en tant que crime contre l'humanité [1]. La compétence universelle est un réel progrès pour l'impunité. Cependant ce mécanisme repose essentiellement sur la coopération des autorités policières. Il demeure tout de même certaines difficultés à régler comme la question des immunités et des lois d'amnistie.

Ces autres modes de répression sont essentiels pour lutter efficacement contre l'impunité, et finalement, ils démontrent l'importance de la communauté internationale. En effet, face aux viols commis lors des conflits, toute la communauté internationale doit se mobiliser. La répression est l'enjeu majeur mais cette mobilisation passe également par d'autres mécanismes.

1. « Un haut gradé du renseignement syrien condamné à la perpétuité en Allemagne pour crimes contre l'humanité, une première historique », Le Monde, 13 janvier 2022, consultation en ligne.

B) Le recours aux instruments extra-pénaux

Le droit international dans sa lutte contre l'impunité met également en avant l'importance de recourir aux instruments extra-pénaux. Ces instruments permettent de renforcer l'impunité de ces crimes. Bien que la Cij ne soit pas une juridiction pénale, elle répond aussi à la lutte contre les viols en engageant la responsabilité civile des États. Entre la fin XIXème siècle et le début XXème siècle, le courant des précurseurs s'est demandé s'il fallait envisager une responsabilité pénale de l'État pour les crimes internationaux. Des années plus tard, Mohammed Cherif Bassiouni, s'interroge sur la responsabilité pénale de l'État pour des actes administratif de masse. Pourtant, certains contestaient cette hypothétique responsabilité de l'État au motif que lorsque l'acte incriminé est perpétré au nom d'un État, les exécutants sont couverts par la souveraineté de l'État alors qu'il a été prouvé que la violation du droit international faisait naître des responsabilités individuelles. La doctrine de l'époque avait posé pour principe que les crimes étaient commis par des hommes et non des entités abstraites. Pourtant, lors des Cai, les groupes armés obéissent aux ordres conduits par la politique de l'État, mais une responsabilité pénale de l'État ne peut être envisagée. En effet, le procureur américain Robert Houghwout Jackson, expliquait que, la peine emblématique étant la privation de liberté, elle ne peut logiquement s'appliquer à l'État. En 1976, le rapporteur de la Commission du droit international, Roberto Ago, a introduit dans le projet de codification la notion de crime d'État, puis en 1996 Arangio Ruiz a développé cette notion en l'intitulant « crime international de l'État ». En 2001, le rapporteur de la Commission du Droit International, James Crawford, a consacré un article 40 « violation grave de normes impératives du droit international général ». En 2007, la Cij rappelle que la responsabilité de l'État en matière de génocide n'est pas de nature pénale, mais qu'il s'agit d'une responsabilité internationale pour violation d'obligation conventionnelle [1]. Par conséquent, dans certains conflits où le viol est commis massivement et systématiquement, l'État peut être jugé comme

1. CIJ, 26 février 2007, Bosnie c. Serbie Monténégro.

responsable. Néanmoins, en l'absence d'une responsabilité pénale de l'État, sa responsabilité est uniquement civile. L'État peut être poursuivi pour un fait internationalement illicite, en d'autres termes pour la violation d'une obligation internationale, la Cij est compétente pour juger l'État.

Il est possible que la violation des obligations concerne le champ civil. Par exemple, la Rdc a réclamé auprès de la Cij une indemnisation de l'Ouganda pour les dommages causés à des civils par les faits internationalement illicites de l'Ouganda. Parmi ces dommages sont compris les viols et violences sexuelles commis dans un contexte de guerre. L'affaire avait été présentée devant la Cij pour la première fois en 1999. Puis, en 2005 la cour avait reconnu la violation du droit international de l'Ouganda, par son occupation dans certaines parties de l'Ituri avec ses propres troupes et en soutenant d'autres groupes armés dans la région pendant le conflit. Dans cette affaire, la Rdc demandait 33 458 000 dollars [1] pour les 1710 victimes de viols et de violences sexuelles en Ituri et pour 30 victimes d'autres parties de son territoire. La Cij avait obligé les deux États à négocier les réparations, mais en 2015, la Rdc a ressaisi la cour au motif que les pourparlers n'avançaient pas. Finalement dans une décision du 9 février 2022 [2], la Cij a prononcé une indemnisation de 325 millions de dollars, c'est le montant le plus élevé accordé pour la réparation de violations des droits de l'homme et du Didh. Toutefois, ce montant correspond à tous les dommages, donc pour les dommages causés aux personnes dont le crime de viol, c'est plus précisément 225 millions de dollars que l'Ouganda doit verser. La Cij a estimé que ce montant était significatif du préjudice subi, pourtant cette somme est dérisoire au regard du nombre réel de victimes. Le premier versement ayant été effectué en septembre 2022, il faut espérer que cette somme ne sera pas détournée par les autorités mais qu'elle servira au suivi-médical des victimes, à leurs soins médicaux et leur réinsertion dans la société. Au regard de la

1. Dollars américain des États-Unis.
2. CIJ, 9 février 2022, République démocratique du Congo c. Ouganda, Activités armées sur le territoire du Congo, Rec., 2022.

situation de la Rdc, il serait bénéfique de mettre en place une commission de contrôle du versement des indemnités. La responsabilité civile de l'État n'est pas la seule mesure extra-pénale utile. En effet, l'un des facteurs de l'impunité est la disparition des auteurs, car certains fuient le territoire de l'État pour se réfugier dans d'autres États comme ce fut le cas pour les nazis réfugiés en Argentine après la Seconde guerre mondiale. Par conséquent, pour pallier cela, il est nécessaire d'instaurer des conditions du droit d'asile, mais ces mesures sont également bénéfiques pour les victimes.

Le droit d'asile est une mesure de protection qui peut également permettre aux victimes de fuir ces violences sexuelles. À contrario, les auteurs de viols ne peuvent se réfugier dans un autre État pour échapper aux poursuites pénales. L'asile est la protection accordée par un l'état d'accueil à un étranger qui est ou risque d'être persécuté dans son pays d'origine. Deux protections sont possibles. Tout d'abord, la qualité de réfugié accordée à toute personne craignant, avec raison, d'être persécutée du fait de sa race, de sa religion, de sa nationalité, de son appartenance à un certain groupe social ou de ses opinions politiques. Le statut de réfugié cible également la personne qui se trouve hors du pays dont elle a la nationalité et qui ne peut ou, du fait de cette crainte, ne veut se réclamer de la protection de ce pays ; ou qui, si elle n'a pas de nationalité et se trouve hors du pays dans lequel elle avait sa résidence habituelle à la suite de tels événements, ne peut ou, en raison de ladite crainte, ne veut y retourner.

Ensuite, la protection subsidiaire est accordée à toute personne « qui ne remplit pas les conditions pour se voir reconnaître la qualité de réfugié mais pour laquelle il existe des motifs sérieux et avérés de croire qu'elle courrait dans son pays un risque réel de subir l'une des atteintes graves suivantes :

1° La peine de mort ou une exécution ;

2° La torture ou des peines ou traitements inhumains ou dégradants ;

3° S'agissant d'un civil, une menace grave et individuelle contre sa vie ou sa personne en raison d'une violence qui peut s'étendre à des personnes sans considération de leur situation personnelle et résultant d'une situation de conflit armé interne ou international » [1]. Nous avons vu que le viol était assimilé à un acte de torture persécutant les victimes. Le 7 janvier 2021, la Cour nationale du droit d'asile (Cnda) a reconnu la qualité de réfugiée à une ressortissante congolaise d'ethnie Hema et ses cinq enfants mineurs au motif qu'elle pouvait craindre avec raison d'être persécutée en cas de retour dans son pays. En effet, dans cet arrêt, la Cnda reconnaît que la province d'Ituri dans laquelle vivait la ressortissante est marquée par des violences sexuelles [2]. Le 18 janvier 2019, un groupe armé de miliciens Lendu [3] a attaqué le village de la requérante. Cette dernière a été brutalement attaquée et laissée pour morte, et son époux a disparu. Il a ainsi été observé que les attaques des Lendu pourraient présenter des éléments constitutifs de crime contre l'humanité, et de crime de génocide. Ce constat repose sur le mode opératoire du groupe armé Lendu qui vise particulièrement l'ethnie Hema en tuant, et mutilant les personnes de cette communauté et en violant les femmes [4]. La protection des victimes de violences sexuelles lors des conflits est primordiale, l'article 11 alinéa 3 de la convention relative au statut des réfugiés, oblige les États à protéger les femmes demandeuses d'asile, refugiées, rapatriées ou déplacées, contre toutes les formes de violence, le viol et les autres formes d'exploitation sexuelle et à s'assurer que de telles violences sont considérées comme des crimes de guerre, de génocide et/ou de crimes contre l'humanité. Le droit d'asile permet donc de protéger les victimes confrontées aux viols systématiques et massifs au regard de la situation conflictuelle de leur pays d'origine. En Europe, la majorité des réfugiés dans le cadre de conflits armés sont des femmes. Pourtant en pratique, elles sont

1. Code de l'entrée et du séjour des étrangers et du droit d'asile, article L.512-1.
2. Haut-commissaire des Nations Unies, rapport mensuel de monitoring de protection Ituri, juillet 2019.
3. Population vivant principalement dans la province de l'Ituri en Rdc.
4. Cour nationale du droit d'asile 7 janvier 2021, n° 20034127 4ème section, 2ème chambre.

peu à obtenir l'asile[1]. Cette affirmation a pu être constatée lors de mon stage réalisé auprès de Maître Lokamba Omba, avocat au barreau de Lille. En effet, l'Office français de protection des réfugiés et apatrides et la Cnda se montrent parfois réticents en raison de l'absence de preuve des demandeuses d'asile. Or, comme il a pu être démontré, il est difficile d'apporter la preuve d'une telle violation.

À contrario, il existe une clause d'exclusion à ce droit asile. En effet, le statut de réfugié ou la protection subsidiaire ne sont pas accordés à une personne s'il existe des raisons sérieuses de penser qu'elle a commis un crime contre la paix, un crime de guerre ou un crime contre l'humanité [2]. Par conséquent, puisque le viol est considéré comme constituant un crime contre l'humanité et un crime de guerre, les auteurs ne peuvent formuler une demande d'asile dans un État. Cette mesure a pour but d'empêcher les auteurs de bénéficier d'une protection entravant les poursuites de l'État d'origine de l'individu qui tenterait de la déférer devant les juridictions internes. Toutes ces mesures ont été pensées pour lutter contre les auteurs de viols, toutefois, dans cette lutte, les victimes sont exclues. Pourtant, il est essentiel d'accorder une place aux victimes en les mettant au cœur de la lutte.

4.2. La place de la victime négligée dans le processus de lutte contre le viol

Le viol est l'arme la plus efficace pour détruire une communauté et la soumettre. Il a des conséquences désastreuses sur l'intégrité physique et psychique des femmes mais également sur la société qui peine à se reconstruire. Au regard des lourdes répercussions qu'endurent les victimes, il est primordial de s'attarder sur la réparation. Toutefois, les victimes de viol sont souvent délaissées par l'État ainsi que par la communauté internationale, et il est alors indispensable

1. J. Lechenne, Violences sexuelles à l'encontre des femmes en situations de conflit et de post-conflit : La procédure d'asile en Suisse sous l'angle d'un continuum de la violence, Delphine Gardey (Dir.), Université de Genève, janvier 2012.
2. Convention relative au statut des réfugiés, article 1, F.

d'explorer les diverses voies de réparation pour restaurer leur dignité (**A**). Il est alors essentiel d'accorder une protection particulière aux femmes, mais également de renforcer cette protection en temps de paix (**B**). En parallèle de la justice pénale, la justice transitionnelle et le règlement pacifique des différends sont également des outils permettant d'une part, d'accorder une place aux victimes et d'autre part, de renforcer le droit interne et de restaurer la primauté du droit (**C**).

A) Le sentiment d'abandon des victimes et les perspectives de réparation

La femme est l'incarnation de la terre, de la mère, de la nourrice et de la patrie, elle est aussi gardienne de la tradition et des valeurs, à l'instar de Marianne qui incarne la République Française. Souiller son image, c'est détruire la République [1].

Dans les pays occidentaux laïcisés, les rapports sexuels et surtout la virginité ne sont plus des sujets tabous, notamment avec les mouvements de libération de la parole de la fin du XXème siècle et plus récemment encore dès 2017 avec les protestations sur les réseaux sociaux : « #balanceTonPorc », « #IWas », « #metToo ». Cette tendance est une réaction à une époque qui, autrefois, banalisait les infractions sexuelles. Par conséquent, les victimes de violences sexuelles osent prendre la parole en public afin de dénoncer leurs agresseurs. Malgré cette progression, les viols sont encore les crimes les plus fréquents, mais les moins dénoncés. En effet, seul un dixième des victimes portent plainte. Si dans les pays occidentaux, la parole se libère, ce n'est pas le cas dans les pays en guerre, généralement situés sur le continent africain ou au Moyen-Orient comme la Syrie. Dans ces pays, la sexualité « cristallise de nombreuses valeurs et de multiples tabous, tant personnels que sociaux » [2]. Aucune humiliation ne peut égaler le fait pour un homme de savoir que sa femme, sa sœur, sa mère ou sa fille ont été violées, car le viol

1. K. Guenivet, Violences sexuelles, la nouvelle arme de guerre, *op. cit.*, p. 19.
2. E. Josse, Violences sexuelles dans les conflits armés, confluences avec la torture, un monde tortionnaire. Rapport Acat 2013.

le renvoie à la défaillance de son rôle d'homme. La colère et le mépris sont alors portés sur les victimes et non pas sur les auteurs des viols. Les hommes sont meurtris et les familles sont détruites. Le viol est perçu par les hommes comme étant un adultère de la part de la femme. Cet acte fragilise inévitablement la communauté car il attaque des symboles sacrés. Ces femmes victimes de viol sont rejetées et méprisées par leur entourage et plus généralement par la société dans laquelle elles vivent, les jeunes filles victimes de viol sont très rapidement stigmatisées. Très souvent, elles sont exclues de la société, car les jeunes filles violées ont une mauvaise réputation, celle de « fille facile », de « filles impures ». Les femmes mariées qui ont subi des viols sont très souvent répudiées par leur mari et chassées du foyer. La fille qui a été contrainte d'avoir un rapport sexuel avec son frère ou son père sera rejetée du foyer familial par honte. Ce rejet endurcit la difficulté de se reconstruire : « j'aimerais reprendre les études, mais la personne qui payait pour moi avant le viol, est devenue un peu réticente pour les frais scolaires. Lorsqu'elle a eu vent de mon problème, alors elle s'est carrément désistée de la partie à payer » [1]. La victime est atteinte dans sa chair, son honneur et sa dignité, mais elle est aussi atteinte socialement car elle perd en plus son statut social, elle est très souvent abandonnée voire répudiée pour les femmes mariées. Les viols sont d'une telle violence qu'ils engendrent la destruction des parties génitales, parfois les soldats enfoncent des baïonnettes ou des bâtons imbibés de combustible inflammatoire dans les parties génitales. Ces actes de barbarie laissent de lourdes séquelles. Les femmes sont mutilées et ont de lourds traumatismes. En effet, ces violences provoquent, souvent, le déchirement des membranes internes c'est-à-dire que la vessie ou le rectum communique avec le vagin, ce qui fait qu'il y a une impossibilité de retenir les excréments. Les victimes nécessitent très souvent une opération chirurgicale gynécologique.

Les autres conséquences du viol sont également les maladies sexuellement transmissibles notamment du Vih puisque les

1. L. Guinamard, Survivantes : Femmes violées dans la guerre en République démocratique du Congo, *op. cit*, p. 29.

auteurs ne se protègent pas. Bien qu'en France le Vih puisse être traité afin d'éviter la phase finale du Sida étant mortel grâce aux progrès médicaux, en Syrie ou en Côte d'Ivoire par exemple, ce n'est qu'un très faible pourcentage de la population qui a accès aux soins. Par ailleurs, les maladies comme le Vih sont très mal traitées, ce qui cause un taux de mortalité assez élevé. Par conséquent, la transmission de ce virus est également l'un des facteurs de répudiation. Les viols ont également des répercussions psychologiques, les victimes sont exposées à des risques de dépression, de tentative de suicide, de trouble de l'humeur. Cependant, le domaine de la psychologie est parfois méconnu pour une grande partie de la population. Les troubles seront alors assimilés à un envoûtement, une victime ayant des troubles sera perçue comme étant possédée par des forces démoniaques. Cette qualification aura un rôle dans la détérioration de l'état de la victime et dans son rejet. Il arrive très souvent que ces viols engendrent des grossesses, l'enfant né du viol est alors rejeté et stigmatisé par l'entourage et la société, et il est rare que le mari accepte l'enfant. La réaction sociale face à un enfant issu du viol est souvent celle du rejet. Ces enfants rejetés subissent de mauvais traitements et en grandissant ils risquent de développer des troubles du comportement et de constituer un danger pour la communauté, entre désir de vengeance et absence de repères.

Les victimes subissent des préjudices résultant du viol, mais les témoins sont également impactés par cet acte. En effet, très souvent le viol est exposé aux yeux de tous ; les enfants, les parents, les beaux-parents, les frères et sœurs, les voisins. L'enfant qui voit sa mère subir un viol est également une victime et est contraint de grandir avec des traumatismes. Très souvent, les États laissent à l'abandon les infrastructures médicales et les hôpitaux manquent de moyens financiers et humains pour accueillir les victimes de viol. De plus, elles nécessitent des soins gynécologiques et des interventions chirurgicales spécifiques. En 1999, le docteur Denis Mukwege a fondé le premier hôpital capable de répondre aux besoins médicaux spécifiques des victimes de viol. Le docteur et son équipe sont confrontés à des victimes de tout âge : des femmes âgées aux nourrissons. Le gouvernement sous la présidence de Joseph Kabila est resté toutefois silencieux, alors qu'il aurait été opportun d'allouer un certain budget au domaine de la santé, ce silence est déplorable. Le financement public de l'ensemble du système de santé demeure presque inexistant, de plus, l'État ne prend pas en charge les frais médicaux et les autorités ne prennent aucune mesure pour lutter contre la progression du Vih. Pourtant, l'Onu a demandé aux États de garantir l'accès à des soins de santé publics gratuits, notamment à des soins génésiques, aux protections contraceptives. En effet, l'autre difficulté est la faible prévention aux contraceptifs, les victimes ayant contracté le virus risquent de contaminer leur partenaire et donc d'accentuer la transmission du virus. De nombreux États sont encore opposés au droit d'accès à la contraception, les femmes et les jeunes filles sont donc contraintes d'assurer une grossesse non-désirée. Les femmes Yézidies victimes de viol par l'État islamique en Irak, ne peuvent recourir à l'avortement, car il demeure toujours interdit. Pour la Rdc, il a fallu attendre 2018 pour que les victimes de viols puissent légalement recourir à l'IVG alors que l'avortement illégal était en 2016 la deuxième cause de mortalité en Rdc. L'État n'apportait aucun soutien aux femmes victimes de viol alors qu'il avait connaissance et conscience des viols massifs commis, pourtant le protocole de Maputo autorisait déjà l'avortement médicalisé en faveur des femmes victimes de viol, d'inceste et lorsque la grossesse met en danger la santé mentale et physique de la mère, ou la vie de la mère ou du fœtus. Dans sa résolution 2467 du 23 avril 2019, le Csnu a demandé aux États membres de renforcer l'accès à la justice pour les victimes de violences sexuelles commises en temps de conflits et leur permettre d'accéder à une meilleure réparation [1]. En matière de réparation, il faut toujours rechercher la *restitutio in integrum*, autrement dit l'idée de remise en l'état comme si l'infraction n'avait pas existé. Néanmoins, ceci n'est pas possible pour les infractions de nature sexuelle. Par conséquent, il faut réparer par équivalence, de nombreuses formes de réparation sont possibles, mais il faut

---

1. CSNU., Rés/2467 (2019) du 23 avril 2019 intitulée : « Les femmes et la paix et la sécurité – violences sexuelles en période de conflit armé ».

choisir la réparation la plus adaptée au dommage subi. Dans cette même résolution, le Csnu souligne que les violences sexuelles nécessitent des formes d'assistances particulières pour être réparées. En effet, la réparation financière ne peut à elle seule suffire. De plus, la réparation par équivalent monétaire est très complexe puisque les dommages et préjudices n'ont pas un coût fixe. Il propose des formes de réparations additionnelles : interventions médicales, suivi psychologique, réhabilitation morale et réintégration sociale. Toutefois, il convient d'abord de définir le dommage et le préjudice. La loi Aquilia instaurée vers 286 av. J.-C. distinguait *le damnum*, correspondant à l'atteinte à l'intégrité de la personne, et *le praejudicium*, qui résulte des conséquences de cette atteinte pour la victime. Le dommage détermine « la lésion subie, qui s'apprécie au siège de cette lésion, tandis que le préjudice, qui est la conséquence de cette lésion, apparaît comme l'effet ou la suite du dommage » [1]. Le dommage est donc l'atteinte à l'intégrité d'une personne mais également l'atteinte à un droit, il doit être évalué par voie d'expertise. En l'espèce, les victimes de viol durant les conflits subissent divers dommages physiques : la mort de la victime résultant directement de l'acte sexuel, la mort de la victime résultant de l'accouchement provoqué par le viol, des lésions aux organes génitaux, des lésions anales, des lésions rectales, la transmission du Vih, des grossesses non-désirées, la stérilité, des blessures et traumatismes consécutifs à l'introduction du pénis, d'objets ou de substances corrosives dans la bouche, le vagin ou l'anus, des saignements vaginaux et rectaux, des mutilations au niveau des organes génitaux, des douleurs pelviennes. Elles subissent également des dommages moraux, c'est-à-dire, les conséquences psychologiques comme, la dépression, les troubles obsessionnels du comportement, dissociation traumatique, une asthénie physique d'origine psychosomatique, des douleurs psychogènes, diverses maladies somatiques. Le préjudice concerne les répercussions de l'acte sur la personne de la victime. Il découle de l'atteinte à l'affection, à l'honneur et à la réputation de la victime qui se

1. Ph. Le Tourneau, Ph. Stoffel-Munck, Droit de la responsabilité et des contrats, Dalloz action, 7e éd., 2008, n° 1305.

traduit par son rejet de la société et de sa famille. Les victimes de viols sont perçues par la communauté, comme « souillées », « impures ». Le préjudice peut également toucher l'entourage de la victime directe, les proches seront alors des victimes indirectes notamment les enfants et le conjoint. Dans le cadre du viol, le préjudice résulte de la douleur de voir la victime diminuée et souffrante.

Concernant la réparation des dommages et préjudices des victimes de viols, le 16 décembre 2005, l'Assemblée générale de l'Onu a adopté une résolution sur les Principes fondamentaux et les directives. Cette résolution concernait le droit à un recours et le droit à une réparation des victimes de violations flagrantes du Didh et de violations graves du Dih. L'Onu reconnaît essentiellement le droit à une réparation adéquate, effective et rapide du préjudice subi. Par conséquent, la communauté internationale doit tenir ses engagements en ce qui concerne la détresse des victimes de viol. La réparation doit être proportionnée à la gravité de la violation et du préjudice subi. Il faut assurer la réparation des actes ou des omissions. L'Assemblée générale a déterminé les différentes formes de réparation : la restitution, l'indemnisation, la réadaptation, la satisfaction et les garanties de non-répétition.

L'indemnisation doit être proportionnée à la gravité de la violation et aux circonstances de chaque cas. L'indemnisation comprend « le préjudice physique ou psychologique ; les occasions perdues, y compris en ce qui concerne l'emploi, l'éducation et les prestations sociales ; les dommages matériels et la perte de revenus, y compris la perte du potentiel de gains ; le dommage moral ; les frais encourus pour l'assistance en justice ou les expertises, pour les médicaments et les services médicaux et pour les services psychologiques et sociaux » [1]. L'indemnisation est la forme de réparation la plus adaptée pour les victimes de viol car elle permet de subvenir aux charges financières dues au(x) préjudice(s) du viol. Récemment, la

1. Principes fondamentaux et directives concernant le droit à un recours et à réparation des victimes de violations flagrantes du droit international des droits de l'homme et de violations graves du droit international, 16 décembre 2005.

Bosnie-Herzégovine, a indemnisé une victime de viol de guerre. Le montant de son indemnisation s'élève à 15 400 €. La réadaptation renvoie à une prise en charge médicale et psychologique et l'accès à des services juridiques et sociaux. La condamnation des auteurs de viol permet la reconnaissance du statut de victime, ce statut lui permet alors d'accéder à une aide et à des soutiens matériels, médicaux et psychologiques.

Ensuite, la réparation par satisfaction doit comporter tout ou partie des mesures citées, néanmoins ne seront citées que celles s'appliquant aux viols : mesures efficaces visant à faire cesser des violations persistantes ; vérification des faits et divulgation complète et publique de la vérité ; déclaration officielle ou décision de justice rétablissant la victime dans leur dignité, leur réputation et leurs droits ; excuses publiques, notamment reconnaissance des faits et acceptation de responsabilité ; sanctions judiciaires et administratives à l'encontre des responsables des violations ; commémorations et hommages aux victimes ; inclusion, dans la formation au Didh et au Dih et dans le matériel d'enseignement à tous les niveaux, d'informations précises sur les violations qui se sont produites.

Les excuses publiques et la reconnaissance des faits sont des actes politiques forts, car ils témoignent de la reconnaissance officielle de ces faits. La reconnaissance permet de libérer la parole des victimes mais également de faire cesser les stigmatisations et les rejets sociaux. Néanmoins, cette mesure n'est pas toujours évidente. Par exemple, l'État japonais refuse de reconnaître les viols commis à Nankin durant la Seconde Guerre mondiale par les soldats japonais. En effet, dans les années 1990, les viols de Nankin sont niés et la création d'un mouvement négationniste prend place au Japon alors que pour l'État chinois, cela est un événement historique majeur.

Enfin, concernant les garanties de non-répétition, elles doivent inclure tout ou partie des mesures suivantes qui contribueront aussi à la prévention et qui consistent à :

« a) Veiller au contrôle efficace des forces armées et des forces de sécurité par l'autorité civile ;

b) Veiller à ce que toutes les procédures civiles et militaires soient conformes aux normes internationales en matière de régularité de la procédure, d'équité et d'impartialité ;

c) Renforcer l'indépendance du pouvoir judiciaire ;

d) Protéger les membres des professions juridiques, médicales et sanitaires et le personnel des médias et d'autres professions analogues, ainsi que les défenseurs des droits de l'homme ;

e) Dispenser, à titre prioritaire et de façon suivie, un enseignement sur les droits de l'homme et le Dih dans tous les secteurs de la société, et une formation en la matière aux responsables de l'application des lois et au personnel des forces armées et de sécurité ;

f) Encourager l'observation de Codes de conduite et de normes déontologiques, en particulier de normes internationales, par les fonctionnaires, y compris les responsables de l'application des lois, les personnels de l'administration pénitentiaire, des médias, des services médicaux, psychologiques et sociaux et le personnel militaire, ainsi que par les entreprises ;

g) Promouvoir des mécanismes pour prévenir, surveiller et résoudre les conflits sociaux ;

h) Réexaminer et réformer les lois favorisant ou permettant des violations flagrantes du Didh et des violations graves du Dih ». Ces mesures permettent de mieux encadrer le Dih à l'échelle nationale mais également de garantir une meilleure protection pour la population civile lors des conflits. Toutefois, obtenir une réparation n'est pas si simple et rapide. Jusqu'à présent, il existe encore un certain nombre de contentieux en cours sur d'anciens conflits. Le 8 janvier 2021, le tribunal du district central de Séoul a condamné l'État japonais à dédommager douze anciennes femmes réduites en esclaves sexuelles par les soldats japonais. La juridiction avait fixé l'indemnisation pour chacune des victimes à hauteur de 74 000 euros [1] mais cette requête a été rejetée. En effet, le gouvernement japonais n'a pas reconnu son implication, et estime que les réparations ont déjà été faites

1. Tokyo condamné à dédommager d'anciennes esclaves sexuelles sud-coréennes des militaires japonais, Le Monde, 8 janvier 2021.

après la Seconde Guerre mondiale, lors des accords de paix entre le Japon et les pays envahis. Pour les victimes de viols en Rdc, la réparation est un mythe, l'affaire Songo Mboyo l'illustre parfaitement. Une centaine de femmes de Songo Mboyo [1], ont été victimes d'un viol de masse en décembre 2003 par le 9ème bataillon des Forces armées de la Rdc [2]. Le 12 avril 2006, le tribunal militaire de Mbandaka a condamné sept militaires à une peine de réclusion criminelle à perpétuité, pour crimes contre l'humanité, sur le fondement du statut de la Cpi Le montant des réparations pour les victimes s'élevait à 5 000 dollars pour chaque victime de viol survivante et 10 000 dollars pour les victimes décédées à la suite du viol et pour les victimes enceintes de huit mois au moment des faits. La réparation par indemnisation n'a jamais été versée par le gouvernement. De plus, il a été exigé que les victimes versent des frais très élevés pour demander l'exécution des indemnisations décidées par la Cour, les victimes sont confrontées à une barrière administrative. Pour agir face à cette absence de réparation mais également face au mépris avec lequel les victimes sont traitées, le Haut-Commissariat de l'Onu a décidé d'offrir un bateau aux survivantes de Songo Mboyo pour les aider à se reconstruire économiquement. En effet, le bateau a pour vocation d'être utilisé en appui à leurs activités génératrices de revenus pour transporter leurs marchandises au marché.

Dès lors, si la condamnation des auteurs de viol ne permet pas automatiquement la réparation des victimes, qu'en est-il des victimes qui n'osent pas dénoncer ou qui n'ont pas été reconnues comme victimes de viol en raison d'une absence de preuve ? La communauté internationale doit agir, car de nombreux textes internationaux et résolutions sont créés sans qu'il y ait une réelle mobilisation. Or, il y a une nécessité de renforcer la protection des femmes à l'échelle interne.

B) Le nécessaire renforcement des droits des femmes en temps de paix

1. Situé dans la province de l'Equateur.
2. Fédération internationale pour les droits humains – Rdc : Les victimes de crimes sexuels obtiennent rarement justice et jamais réparation, 2013.

Au cours de ces dernières années, la justice pénale a eu un rôle remarquable dans la répression du viol malgré les difficultés qu'elle rencontre. Cependant, face à l'usage massif et systématique du viol, il est parfois impératif de renforcer la législation de l'État. Il est essentiel d'accorder une protection particulière aux femmes, mais également de renforcer cette protection en temps de paix. Gisèle Halimi dénonçait cette indifférence dans sa plaidoirie prononcée le 8 novembre 1972 devant le tribunal de grande instance de Bobigny défendant Michèle Chevalier : « La femme était esclave, comme disait Bebel, même que l'esclavage fût né. Quand le christianisme devint une religion d'État, la femme devint le démon, la tentatrice. Au Moyen âge la femme n'est rien. La femme du serf n'est même pas un être humain. C'est une bête de somme » [1]. En effet, en France, selon une enquête du ministère de la justice seuls 14,7 % des plaintes pour viol ont conduit à une peine [2].

Depuis une dizaine d'années, le nombre de condamnations pour viol est en baisse. En pratique, les faits sont requalifiés en délit d'agression sexuelle alors que les faits relèvent du champ d'incrimination du viol. La correctionnalisation de ces faits relève de la nécessité de juger l'ensemble des faits dans des délais raisonnables par les cours d'assises. Le viol est alors nié pour des raisons de rapidité et pour décharger les cours d'assises. Par conséquent, le mis en cause ne sera pas confronté à la gravité de ses agissements et la peine ne sera pas représentative de l'atteinte. De manière plus générale, le viol est très souvent banalisé par la société, sur le fondement de plusieurs idées préconçues. La faute est souvent remise sur la victime, plutôt que de souligner le comportement de l'auteur, l'erreur de la victime sera recherchée comme pour justifier l'acte.

En effet, dans certains pays, les femmes sont représentées comme intrinsèquement pécheresse [3]. L'argument de la pulsion

---

1. Plaidoirie de Gisèle Halimi, Procès de Bobigny devant le tribunal de grande d'instance de Bobigny, 8 novembre 1972.
2. Violences sexistes et sexuelles : « Le faible nombre de condamnations incite à trouver de nouvelles façons de travailler », Le Monde, 5 octobre 2022.
3. F. Encel, Le viol en temps de guerre : un crime contre l'humanité,

incontrôlable est souvent avancé pour justifier certains viols, et d'ailleurs, l'apparence de la victime est parfois évoquée pour justifier cette pulsion incontrôlable. La responsabilité des femmes est sans cesse mise en cause et le viol est parfois excusé car « c'est à elles d'éviter d'être attirantes » pour ne pas susciter les désirs des hommes. Le viol est également banalisé car pour certains hommes, il y a l'idée que les femmes ne consentent pas à avoir un rapport sexuel uniquement pour se faire désirer, ou pour ne pas passer pour des filles « faciles » [1]. Dès lors, il est essentiel pour de nombreux États de mettre la notion de défaut de consentement au cœur de la définition du viol. En effet, certains viols ne sont pas qualifiés comme tels, au motif que la victime n'a pas clairement exprimé son non-consentement voire qu'elle a été silencieuse. Par conséquent, la charge de la preuve est inversée. Si toutefois, la responsabilité pénale de l'auteur est retenue, le juge évitera de sanctionner trop sévèrement le criminel : « soit par machisme, soit pour ne pas heurter ces représentations coutumières ou religieuses ravalant la femme à un simple instrument d'honneur et de reproduction pour l'homme » [2]. Les stéréotypes liés au genre ont de lourdes répercussions durant les conflits puisque la virginité de la femme mesure sa valeur. Ainsi, cette valeur augmente-t-elle les risques pour une femme d'être prise pour cible de viol, notamment dans les États bafouant les droits de la femme. En temps de paix, il est déjà difficile de faire aboutir les poursuites de viols, ce qui facilite l'impunité des auteurs.

Par ailleurs, les victimes, tout comme les auteurs, savent que les poursuites aboutissent très rarement, alors la fonction dissuasive de la peine ne produit plus aucun effet en temps de paix. En temps de conflits, les normes sont perturbées, donc l'impunité des auteurs de viol est totale. Pour retrouver un équilibre, il faut recourir à la justice transitionnelle.

C) Le recours à la justice transitionnelle

---

chronique internationale, 2011.

1. Amnesty international, Déconstruire les mythes et stéréotypes sur le viol, 4 mars 2020.

2. F. Encel, Le viol en temps de guerre : un crime contre l'humanité, *op. cit.*

et au règlement pacifique des différends

En parallèle de la justice pénale, la justice transitionnelle est également un outil permettant d'une part, d'accorder une place aux victimes et d'autre part, de renforcer le droit interne. La justice transitionnelle renvoie à la notion de justice au sens commun du terme, autrement dit à l'équité. Il s'agit alors de l'hypothèse où un État s'est effondré, en raison d'une guerre ou d'une dictature. Dès lors, un gouvernement de transition tente de faire évoluer les structures existantes vers celles d'un État de droit. L'Onu définit cette justice comme étant « l'éventail complet des divers processus et mécanismes mis en œuvre par une société pour tenter de faire face à des exactions massives commises dans le passé, en vue d'établir les responsabilités, de rendre la justice et de permettre la réconciliation » [1]. Cette justice fait partie intégrante du processus de consolidation de la paix dans les pays se sortant d'un conflit. En 2011, Lakshmi Puri, la directrice exécutive adjointe d' Onu Femmes a affirmé que : « Pour beaucoup de femmes, la paix ne marque pas le début de la sécurité ni de la justice. Elle est seulement synonyme de poursuite de la violence par d'autres moyens » [2]. La justice transitionnelle permet alors de rétablir un lien de confiance entre les victimes et les représentants de l'ordre public sur le terrain. Le rapport du Csnu de 2017 [3] réaffirme que la justice transitionnelle est un mécanisme essentiel pour que la consolidation de la paix et de la réconciliation se concrétisent. En effet, si l'impunité et le déni persistent, le traumatisme, le sentiment de déshonneur et le désir de vengeance persisteront également.

Louis Joinet a conceptualisé les quatre piliers de la justice transitionnelle. Tout d'abord, la quête de la vérité qui permet d'éviter que les horreurs ne se répètent. Ensuite, la réparation

---

1. Secrétaire général des Nations unies devant le Csnu, « Rétablissement de l'État de droit et administration de la justice pendant la période de transition dans les sociétés en proie à un conflit ou sortant d'un conflit », S/2004/616, rapport du 23 août 2004, p. 7, paragraphe 8.
2. Lakshmi Puri, Directrice exécutive adjointe, ONU Femmes (2011).
3. CSNU, Rapport du Secrétaire général sur les violences sexuelles liées aux conflits, S/2017/249, 15 avril 2017.

des victimes. En effet, la justice pénale internationale est axée sur la répression, contrairement à la justice transitionnelle qui porte sur la réparation. Puis, la recherche de responsabilité, non pas pénale mais plutôt une responsabilité morale avec l'instauration de tribunaux populaires. Ce qui est recherché est le pardon des auteurs ainsi que l'échange entre la victime et l'auteur, comme ce fut le cas avec les Gacaca au Rwanda. Et enfin, les garanties de non-répétition qui passent essentiellement par les mécanismes d'épuration de la fonction publique de tous les tortionnaires et anciens bourreaux qui pourraient encore y exercer. Ces garanties de non-retours s'engagent également à restaurer le droit national. Il est alors nécessaire de créer une nouvelle législation pour établir une base juridique, le personnel doit être compétent ce qui passe par une formation. De plus, afin de permettre la poursuite des crimes, il est essentiel d'adopter des mesures de protection et de soutien pour les victimes et les témoins. Les tribunaux doivent être indépendants du pouvoir exécutif car c'est cette absence d'indépendance qui mène souvent à l'impunité des auteurs.

Dans la justice transitionnelle, la victime a une place centrale. En effet, si la justice pénale n'a pas pour but d'entendre l'entièreté des victimes, mais uniquement celles dont le témoignage servira à condamner l'accusé. Dans la justice transitionnelle, la libération de la parole des victimes est priorisée, car cela participe à leur réparation psychique. Le Secrétaire général de l'Onu considère qu'il est nécessaire que les processus et mécanismes de la justice transitionnelle prennent en considération les causes profondes des conflits et les régimes de répression, et qu'ils abordent les violations de tous les droits [1]. Les répercussions sociales que subissent les femmes victimes de viol, comme la stigmatisation sociale, rendent particulièrement difficile la participation des femmes aux mécanismes de justice transitionnelle. Par conséquent, il est nécessaire, voire urgent, d'inclure les femmes dans tous les aspects de la reconstruction post-conflit [2]. En effet, leur absence

1. Note d'orientation sur l'approche de l'onu en matière de justice transitionnelle, Principe 9 .
2. CSNU., Rés/1325 du 31 octobre 2000.

dans la conception des programmes de justice transitionnelle est regrettable car elles sont tout de même les premières victimes. Il est donc inconcevable que les mécanismes soient efficaces sans les inclure. La justice transitionnelle a pour objectif de lutter contre l'impunité tout en essayant d'instaurer la paix par le pardon. Ces deux objectifs sont assez contradictoires, et il est risqué de prioriser la paix au détriment de la justice. Certains professionnels relèvent que la paix doit être assurée avant que tout autre processus puisse être entrepris. Bien que certains soutiennent cela, le report de la justice est un réel danger, pour cause des risques, de fuites, de vengeance personnelle, de détérioration des victimes.

Les opérations de maintien de la paix (Omp) sont un mécanisme utilisé par l'Onu afin de faciliter le règlement pacifique des conflits, promouvoir et protéger les droits de l'Homme, restaurer la primauté du droit, protéger les civils, maintenir la sécurité. Depuis leurs créations, il y a eu 71 Omp, dont 12 actuellement. Ces Omp reposent sur le consentement des États au sein desquels se déroule le conflit, des mesures non-coercitives et, le mandat d'interposition et d'observation. D'ailleurs, dans leur mandat, les Omp intègrent de plus en plus la nécessité de protéger les civils contre la violence sexuelle. En effet, la résolution de l'Onu du 19 juin 2008 [1] rappelle cette importance de ne pas laisser impunies les violences sexuelles et insiste aussi sur les besoins spécifiques des femmes et jeunes filles au moment des conflits. Le Csnu démontre sa volonté d'insérer dans les résolutions « des dispositions appropriées sur la prévention de la violence sexuelle, la lutte contre ce phénomène et les rapports sur la question qu'il souhaite recevoir » [2]. Le mandat de protection des civils dans le maintien de la paix est régi par un ensemble de principes. Tout d'abord, les casques bleus sont chargés de protéger les civils dans les zones de déploiement que l'État n'est pas en capacité de protéger ou qu'il n'a pas la volonté de protéger. Ensuite, pour protéger les civils, il est essentiel de coopérer avec des acteurs humanitaires et dans le respect des principes humanitaires et des

1. CSNU., Rés/820 du 19 juin 2008, paragraphe 9.
2. CSNU., Rés/1325 du 31 octobre 2000, *op. cit.*

droits de l'homme. Par ailleurs, le mandat de protection des civils est prioritaire, conformément aux résolutions du Csnu. Actuellement, la Mission multidimensionnelle intégrée des Nations unies pour la stabilisation au Mali, ou encore la Mission de l'Organisation des Nations unies pour la stabilisation en République démocratique du Congo sont régies par un mandat de protection des civils.

La représentante spéciale du secrétaire général de l'OTAN pour les femmes, la paix et la sécurité, a reconnu le 14 avril 2021, l'utilisation de la violence sexuelle comme une arme de guerre contre les femmes et les enfants, et progressivement contre les hommes [1]. L'OTAN a instauré des lignes directrices militaires concernant la prévention des violences sexuelles et sur les moyens d'y réagir. L'OTAN a reconnu avoir pour responsabilité la prévention d'actes de violences sexuelles liées aux conflits. En 2016, l'OTAN avait adopté une politique de protection des civils autorisant les militaires à recourir à la force létale pour prévenir des situations dans lesquelles les civils sont victimes de violences physiques. Toutefois, les opérateurs militaires doivent connaître le contexte pour agir efficacement et combattre les violences sexuelles en période de conflit.

1. Déclaration lors du débat ouvert du Csnu sur la violence sexuelle dans les conflits par la représentante spéciale du secrétaire général de l'otan pour les femmes, la paix et la sécurité, Claire Hutchinson, 14 avril 2021.

Conclusion

L'instrumentalisation constante du viol en période de conflit armé suppose de s'interroger sur l'efficacité du droit pour encadrer le viol afin de lutter contre son instrumentalisation durant les conflits. Le droit applicable aux conflits a tardivement reconnu le viol à partir des conventions de Genève de 1949 et de ses protocoles additionnels. Cependant, cette reconnaissance était dérisoire puisqu'elle était fondée sur la pensée de l'époque, autrement dit, le viol était limité à l'honneur de la victime. Les Didh ont permis d'établir la requalification du viol en acte de torture ou traitement inhumain, ce qui a permis de souligner la gravité de l'acte. Toutefois, cette requalification n'était pas suffisante, de plus l'absence d'une définition claire et précise du viol ne garantissait pas une sécurité juridique. La jurisprudence pénale des tribunaux *ad hoc* a initié un véritable encadrement juridique du viol en reconnaissant qu'en période de conflit, il constituait un crime de droit international. Une juridiction internationale permanente a ensuite été créée par le Statut de Rome qui a également posé une définition du viol. Cette création avait pour but de lutter contre l'instrumentalisation du viol dans les nouveaux conflits.

En effet, le droit pénal a reconnu la capacité destructrice de cet acte, son efficacité ainsi que son usage massif et systématique à l'égard des femmes. La Cpi a démontré ses limites dans la lutte contre l'impunité des auteurs de viol. Pourtant, en théorie le droit de l'Onu devrait être efficace au regard des nombreuses résolutions prises, et au regard de l'aspect sexospécifique pris en considération dans ses travaux. Néanmoins, la Cpi doit réaffirmer sa légitimité auprès des États pour les inciter à coopérer pour faciliter les enquêtes. De plus, les violations sont si nombreuses que la Cour devrait se décentraliser en déléguant sa compétence à des juridictions régionales. En parallèle de la Cpi , les États ont un rôle majeur dans cette lutte contre l'instrumentalisation du viol en période de conflit, ils peuvent user de leur compétence universelle pour lutter contre l'impunité. Ils doivent également faire évoluer leur droit interne concernant les violences sexuelles, en le renforçant par l'adoption de mesures législatives protégeant particulièrement les femmes. La communauté internationale contribue également à la reconstruction de certains États.

Finalement, le droit actuel est une réelle avancée et est adapté, mais au regard du nombre excessif de conflits armés à travers le monde, la communauté internationale doit renforcer davantage sa lutte.

Bibliographie

1. Ouvrages généraux

S. Audoin-Rouzeau, L'Enfant de l'ennemi 1914-1918, Paris, Aubier Collection historique, 1995, 222 p.

L. Bolongo, Droit pénal spécial zaïrois, Tome 1, 2ème édition, Librairie générale de droit et de jurisprudence, Paris, 1985, 600 p.

R. Branche, F. Virgili, (dir.), Viols en temps de guerre, Paris, Payot, 2011, 270 p.

S. Brownmiller, Le viol, Stock, 1976, 568 p.

S. Brownmiller, Against Our Will: Men, Women and Rape, Hammondsworth, Penguin, 1977, 480 p.

K. Guenivet, Violences sexuelles, la nouvelle arme de guerre, Paris, Michalon, 2001, 206 p.

L. Guinamard, Survivantes : Femmes violées dans la guerre en République démocratique du Congo, Les éditions de l'atelier, Paris, 2010, 176 p.

J. Henckaerts, L. Doswald-Beck Le droit international humanitaire, volume 1 ; règle, C.I.C.R., Bruxelles, Bruylant, 2006, 878 p.

J. Karume, Violences sexuelles, régime juridique et limites à la répression de ces crimes en République Démocratique du Congo, Torino, l'Harmattan, 2012, 176 p.

L. Parini, Le système de genre, Introduction aux concepts et théories, Zürich, Editions Seismo, 2006, 129 p.

X. Pin, Droit pénal général, Dalloz, 13ème éd., 2022

D. Salas et al, Victimes de guerre en quête de justice. Faire entendre leur voix et les pérenniser dans l'histoire, Paris, l'Harmattan, 2004, p. 196.

2. Ouvrages spéciaux

2.1. Thèses

S. El Zawam, Les obstacles au jugement des criminels devant la Cour Pénale Internationale, Université de Bordeaux, 2022, 547 p.

D. Fourcans, Les violences sexuelles devant les juridictions pénales internationales, Université Paris X Nanterre La défense, 5 novembre 2007, 590 p.

A. Ouandaogo, La protection des civils contre les violences sexuelles en période de conflit armé en Afrique, Université de Rouen Normandie, p. 487.

2.2. Rapports

Rapport de la mission d'observation de la Communauté européenne sur le traitement des femmes musulmanes dans l'ex-Yougoslavie, janvier 1993.

Rapport final sur le viol systématique, l'esclavage sexuel et les pratiques analogues à l'esclavage en période de conflit armé, O.N.U., Conseil Économique et social, G. McDougall, E/CN.4/Sub.2/1998/13, 1998.

Rapport S/2004/616, Rétablissement de l'État de droit et administration de la justice pendant la période de transition dans les sociétés en proie à un conflit ou sortant d'un conflit, Secrétaire général des Nations unies devant le Csnu, août 2004, p. 7.

Rapport Fédération internationale pour les droits humains sur la République Démocratique du Congo , Les victimes de crimes sexuels obtiennent rarement justice et jamais réparation, 2013.

Rapport d'information du Sénat, Pour que le viol et les violences sexuelles cessent d'être des armes de guerre, décembre 2013.

Rapport du Secrétaire général sur les violences sexuelles liées aux conflits, S/2015/203, 23 mars 2015, p. 4.

Rapport du Secrétaire général des Nations Unies, Le sort des enfants en temps de conflits armé, avril 2016.

Rapport S/2017/249 du Secrétaire général sur les violences sexuelles liées aux conflits, avril 2017.

Rapport de l' Institut du genre en géopolitique, Violences sexuelles en temps de guerre : arme, méthode, stratégie ou pratique, 2020.

Rapport de la Fédération internationale pour les droits humains, Cpi : Quel est l'héritage de la Procureure Fatou Bensouda, décembre 2021.

Rapport annuel de la Fédération internationale pour les droits humains sur la compétence universelle : les affaires qui ont marqué la compétence universelle en 2022, avril 2023.

3. Résolutions

Résolution S/RES/798, Conseil de sécurité, 1992.
Résolution S/RES/820, Conseil de sécurité, 1993.
Résolution S/RES/1325, Conseil de Sécurité, 2000.
Résolution S/RES/1820, Conseil de Sécurité, 2008.
Résolution S/RES/2106, Conseil de sécurité, 2013.
Résolution S/RES/2467, Conseil de Sécurité, 2019.

4. Articles

M. Ayat, Quelques apports des Tribunaux pénaux internationaux, *ad hoc* et notamment le Tpir, à la lutte contre les violences sexuelles subies par les femmes durant les génocides et les conflits armés, International Criminal Law Review 10 (2010), Leiden, pp. 787-827.

A. Bae, De la responsabilité historique des États : le cas des femmes de réconfort, Nouvelles Questions Féministes, vol. 36, n°2, 2017, pp. 100-113.G. Donnard, Femmes dans la guerre aujourd'hui, Multitudes, vol. 29, n°2, 2007.

R. Cario, Les droits des victimes devant la Cour pénale internationale, In A.J. Pénal, 2007-6, pp. 261-265

C. Fourcans, La répression par les juridictions pénales internationales des violences sexuelles commises pendant les conflits armés, Archives de politique criminelle, 2012/1 (n° 34), pp.155-165.

G. Gaggioli, Les violences sexuelles dans les conflits armés: une violation du droit international humanitaire et du droit international des droits de l'homme, volume 96, 2014 Revue internationale de la Croix-Rouge.

J. Gardam, Femmes droits de l'homme et droit humanitaire, Revue international de la Croix-Rouge, n° 831, septembre 1998, pp. 449-462.

J. Henckaerts, « S'attaquer à la violence sexuelle utilisée comme arme de guerre », C.I.C.R., Interview, juillet 2008.

H. Pierre, Viols et stratégie, Inflexions, Cairn, 2018, p. 73-79

E. Josse, Violences sexuelles et conflits armés en Afrique, La Hulpe, 2007.

E. Josse, Violences sexuelles dans les conflits armés, confluences avec la torture, un monde tortionnaire, Rapport Acat, 2013.

M. Le Pape, « Viol d'hommes, masculinités et conflits armés », Cahiers d'études africaines, 2013.

C. Liévaux, L'élimination des violences faites aux femmes à l'épreuve du droit pénal international, Lexbase Pénal, juillet 2021.

J. Lilly et F. Le Roy, L'armée américaine et les viols en France. Juin 1944-mai 1945, Vingtième Siècle. Revue d'histoire, vol. n° 75, n°.

3, 2002, pp. 109-121.
V. Moufflet, Le paradigme du viol comme arme de guerre à l'Est de la République démocratique du Congo, Afrique contemporaine, vol. 227, n°3, Cairn, 2008.
V. Nahoum-Grappe, « Viols en temps de guerre », in Violences sur le corps de la femme: aspects juridiques, culturels et éthiques, Dalloz, 2012.
V. Nahoum-Grappe, La culture contemporaine du viol. Mise en scène, signe de domination, arme en temps de guerre , Communications, vol. 104, n°1, 2019.
M. Norouzi-Vergnol, La criminalisation des violences sexuelles au cours des conflits armés, in M. Matheson et D. Momtaz (dir.), Les règles et institutions du droit international humanitaire à l'épreuve des conflits armés récents, Recueil des Cours de l'Académie de Droit International de la Haye, Leiden, Boston, 2010.
J. Roptin, Des viols de guerre à la violence sexuelle comme terreur, Mémoires, vol. 75, n°2, 2019.
H. Rosinski, La structure de la stratégie militaire, Stratégique, cairn, 2009, p. 17-50.
A. Roucayrol, Du viol comme arme de guerre, La Pensée, vol. 404, n°4, Cairn, 2020.
O. Rovetta, « Le procès de Jean-Paul Akayesu. Les autorités communales en jugement », Vingtième Siècle. Revue d'histoire, vol. 122, n°2, 2014.
F. Virgili, Les viols commis par l'armée allemande en France (1940-1944), Vingtième Siècle. Revue d'histoire, 2016/2 (n° 130).

5. Articles de presse

5.1. Source de presse en ligne

F. Encel, Le viol en temps de guerre : un crime contre l'humanité, chronique internationale, Radio France, 2011.
K. Guenivet, Femmes, les nouveaux champs de bataille, Quasimodo, n°9 (« Corps en guerre. Imaginaires, idéologies, destructions. Tome 2 »), printemps 2006, Montpellier.
P. Rousselot, Le viol de guerre, la guerre du viol, Inflexions, vol. 38, n°2, 2018, Cairn.
Amnesty international, Les crimes commis contre les femmes lors des conflits armés, décembre 2004.
Amnesty international, Halte à la violence contre les femmes. Utiliser le droit pénal international pour demander des réformes législatives tenant compte des questions de genre, mai 2005.
Amnesty international, Déconstruire les mythes et stéréotypes sur le

viol, 4 mars 2020.

5.2. Notes, conclusions et observations

Conférence mondiale sur les droits de l'homme vienne n° 157/23, 25 juin 1993.

Observation n °29 du 24 juillet 2001, comité des droits de l'Homme

MONUSCO, 29 avril 2009, Note de Cadrage et Plan d'Action : lutte contre l'Impunité des Violences Sexuelles, pp. 4-5.

6. Jurisprudence

6.1. Jurisprudence nationale

Jurisprudence française

Cass., ass. plén., 12 mai 2023, n° 22-82.468 et n° 22-80.057, B-R.

Cons.Const., 27 juillet 1994, DC-n° 94-343/344.

C.N.D.A., 7 janvier 2021, n° 20034127 4ème section, 2ème chambre.

Jurisprudence étrangère

Affaire Songo Mboyo, RP 084/2005, jugement du 12 avril 2006 ; RPA 014/2006, arrêt du 7 juin 2006.

Tribunal militaire de garnison de Mbandaka, RP. n°086/05 sur la mutinerie à Mbandaka, jugement du 20 juin 2006.

6.2. Jurisprudence internationale

Cour européenne des droits de l'Homme

CEDH, Gr., 25 septembre 1997, Aydin c. Turquie, Requête n°23178/94.

CEDH, 1ère section., 4 décembre 2003, MC c. Bulgarie, Requête n°39272/98.

CEDH, Gr., 16 septembre 2014, Hassan c. Royaume-Uni, Requête n° 29750/09.

Cour internationale de justice

C.I.J., 08 juillet 1996, Licéité de la menace ou de l'emploi d'armes nucléaires, avis consultatif n°19960708.

C.I.J., 09 juillet 2004, Conséquences juridiques de l'édification d'un mur dans le territoire palestinien occupé, Rec., 2004.

C.I.J., 26 février 2007, Bosnie c. Serbie Monténégro, Rec., 2007.

C.I.J., 9 février 2022, République démocratique du Congo c. Ouganda, Activités armées sur le territoire du Congo, Rec., 2022.

Cour pénale internationale

Cpi , 8 juin 2018, *Le Procureur c. Jean-Pierre Bemba Gombo*, ICC-01/05-01/08.

Cpi, 17 janvier 2006, décision ICC-01/04-101.

Tribunal pénal international pour l'ex-Yougoslavie

Tpiy, Chambre d'appel, 2 octobre 1995, Le Procureur c. Tadić, Arrêt relatif à l'appel de la Défense concernant l'exception préjudicielle d'incompétence, IT-94-1-A.

Tpiy, Chambre de Première Instance, Jugement relatif à la Sentence, , 07 mai 1997, Le procureur c. Duško Tadić Affaire n°IT-94-1-T

Tpiy, Chambre de première instance II, 16 novembre 1998, Le procureur c. Zejnil Delalic, Zdravko Mucic, Hazim Delic, Esad Landzo, Affaire n° IT-96-21-T.

Tpiy, 10 décembre 1998, Le procureur c. Anto Furundzija, Chambre de première instance, Affaire n° : IT-95-17/1-T.

Tpiy, Chambre de première instance, 22 février 2001, Le Procureur c. Dragoljub Kunarac, Radomir Kovac et Zoran Vukovic, Jugement, Affaire n° IT-96-23-T & IT-96-23/1-T.

Tpiy, Chambre d'appel, 17 décembre 2004, Le Procureur c. Kordic et Cerkez.

Tribunal pénal international pour le Rwanda

Tpir, Chambre 1, jugement, 2 septembre 1998, Le Procureur c. Jean-Paul Akayesu, Affaire n° ICTR-96-4.

Tpir., Chambre de Première Instance I, 27 janvier 2000, Le procureur c. Alfred Musema, Jugement et Sentence, affaire n°ICTR-96-13-T.

Tpir, 16 novembre 2001, Le procureur c. d'Alfred Musema, Jugement ICTR,-96-13-A.

Tpir, Chambre de Première Instance III, Jugement et Sentence, 15 mai 2003, Le Procureur contre Laurent Semanza, Affaire n° ICTR-97-20-T.

Tpir, Chambre d'appel, 7 juillet 2006, Le Procureur c. Gacumbitsi, paragraphe 129.

Tpir, Chambre de première instance, 18 décembre 2008, Le Procureur c. Bagosora et al., Affaire n° ICTR-98-41-T.

Tpir, Chambre d'appel, septembre 2011, Le Procureur c. Setako.

Tribunal spécial pour la Sierra-Leone

Tssl, 20 juin 2007, Chambre de deuxième instance, Le Procureur c. Tamba Brima, Ibrahim Bazzy Kamara, Santigie Borbor Kanu. Jugement, affaire CSL-04-16-T-613.

Tssl, 25 février 2009, Chambre de première instance, Le Procureur c. Sesay, Kallon et Gbao, SCSL-04-15-T.

Table des matières

Introduction 11

Chapitre 1. Un encadrement juridique tardif concernant le viol en période de conflit armé 21

1.1. La faible protection juridique des civils face au viol 21

A) L'absence de définition en droit international humanitaire 22

B) L'insuffisance des mécanismes de protection des droits de l'homme 29

1.2. Le renforcement de la protection juridique du viol par le droit international pénal 36

A) Le viol de guerre requalifié en acte de torture 36

B) L'apport des premières définitions du viol 38

C) L'incrimination du viol renforcée par l'Organisation des Nations 41

Chapitre 2. Un usage récurrent du viol nécessitant un intérêt particulier 49

2.1. L'usage systématique du viol durant les conflits armés 50

A) La possession du corps pour le plaisir sexuel des soldats 50

B) La possession du corps pour dominer 53

C) La reconnaissance du viol comme véritable acte sous-jacent aux grands 56

2.2. L'enracinement de ce nouvel aspect du viol dans les conflits actuels : étude de cas sur le Nord- Kivu 63

A) L'environnement socioculturel rendant le recours au viol inéluctable 63

B) Les lacunes du Droit congolais 69

Chapitre 3. La lutte contre l'impunité des auteurs de viol 75

3.1. La nécessaire intervention de la justice pénale internationale 76

A) L'absence d'une intervention adéquate de l'État 77

B) L'espoir d'une répression par la Cour pénale internationale 81

3.2. L'intervention limitée de la Cour pénale internationale 88

A) La difficile coopération des États avec la Cour pénale internationale 89

B) L'obstacle des preuves manquantes 90

C) Les obstacles inhérents à la compétence de la juridiction 92
a) L'insuffisante répression des auteurs de viol 92
b) L'exclusion des mineurs du champ de compétence 94
c) La non-rétroactivité de la juridiction..96
Chapitre 4. Une mobilisation d'acteurs internationaux et un renforcement progressif de la protection des victimes.....99
4.1. La concrétisation d'une mobilisation face aux auteurs de viol...100
A) Les alternatives efficaces à la juridiction 100
B) Le recours aux instruments extra-pénaux.......................................104
4.2. La place de la victime négligée dans le processus de lutte contre le viol 108
A) Le sentiment d'abandon des victimes et les perspectives de réparation..109
B) Le nécessaire renforcement des droits des femmes en temps de paix 118
C) Le recours à la justice transitionnelle et au règlement pacifique des différends...120
Conclusion...127
Bibliographie...129
Table des matières...140

Structures éditoriales du groupe L'Harmattan

L'Harmattan Italie
Via degli Artisti, 15
10124 Torino
harmattan.italia@gmail.com

L'Harmattan Hongrie
Kossuth l. u. 14-16.
1053 Budapest
harmattan@harmattan.hu

L'Harmattan Sénégal
10 VDN en face Mermoz
BP 45034 Dakar-Fann
senharmattan@gmail.com

L'Harmattan Cameroun
TSINGA/FECAFOOT
BP 11486 Yaoundé
inkoukam@gmail.com

L'Harmattan Burkina Faso
Achille Somé – tengnule@hotmail.fr

L'Harmattan Guinée
Almamya, rue KA 028 OKB Agency
BP 3470 Conakry
harmattanguinee@yahoo.fr

L'Harmattan RDC
185, avenue Nyangwe
Commune de Lingwala – Kinshasa
matangilamusadila@yahoo.fr

L'Harmattan Congo
219, avenue Nelson Mandela
BP 2874 Brazzaville
harmattan.congo@yahoo.fr

L'Harmattan Mali
ACI 2000 - Immeuble Mgr Jean Marie Cisse
Bureau 10
BP 145 Bamako-Mali
mali@harmattan.fr

L'Harmattan Togo
Djidjole – Lomé
Maison Amela
face EPP BATOME
ddamela@aol.com

L'Harmattan Côte d'Ivoire
Résidence Karl – Cité des Arts
Abidjan-Cocody
03 BP 1588 Abidjan
espace_harmattan.ci@hotmail.fr

Nos librairies en France

Librairie internationale
16, rue des Écoles
75005 Paris
librairie.internationale@harmattan.fr
01 40 46 79 11
www.librairieharmattan.com

Librairie des savoirs
21, rue des Écoles
75005 Paris
librairie.sh@harmattan.fr
01 46 34 13 71
www.librairieharmattansh.com

Librairie Le Lucernaire
53, rue Notre-Dame-des-Champs
75006 Paris
librairie@lucernaire.fr
01 42 22 67 13

www.ingramcontent.com/pod-product-compliance
Lightning Source LLC
LaVergne TN
LVHW051354061026
849535LV00009B/3178